Richter
Gottes

Eva Müller

Richter
Gottes

Die geheimen Prozesse der Kirche

Kiepenheuer & Witsch

MIX
Papier aus verantwor-
tungsvollen Quellen
FSC® C083411

Verlag Kiepenheuer & Witsch, FSC® N001512

1. Auflage 2016

Umschlaggestaltung: Barbara Thoben, Köln
Umschlagmotiv: © skodonnell/istock images
Foto der Autorin: © version-foto
Gesetzt aus der Minion
Satz: Buch-Werkstatt GmbH, Bad Aibling
Druck und Bindung: CPI books GmbH, Leck
ISBN 978-3-462-04948-0

Inhalt

Einleitung

Er sieht nicht glücklich aus, dachte sie und verliebte sich. Dabei war das kein Ort zum Verlieben. Der Wirt hatte die Musik gerade wieder aufgedreht. Karnevalsmusik. Die Schminke war bei den meisten nicht mehr frisch. Sie schaute zur Tanzfläche.

Es ist ungewöhnlich, den Partner fürs Leben ausgerechnet an Karneval kennenzulernen. Schon die Verkleidung sagt: Das bin ich nur heute Abend. Der Karneval hat etwas Flüchtiges. Nicht in ihrem Fall. »Dass ich die Initiative ergriffen und mich getraut habe, das passiert eben auch nur an Karneval.« Elke Rogosky lacht. Peter Otten ist der Richtige, das weiß sie schnell. Was sie für ihre Liebe tun wird, weiß sie damals noch nicht.

Elke Rogosky wird sich in den nächsten Jahren verstecken. Sie wird Begegnungen mit den Nachbarn vermeiden und ihren Namen nicht mit aufs Klingelschild der gemeinsamen Wohnung schreiben, weil es die Beziehung zwischen Peter Otten und ihr in den Augen der katholischen Kirche nicht geben darf. Schließlich wird sie einen Prozess führen. Nicht vor einem staatlichen Gericht, sondern vor einem Gericht der katholischen Kirche in Deutschland.

Im Frühjahr 2015 sitzt Peter Otten in einem Café in der Kölner Innenstadt. Seit Tagen regnet es. Die Gäste an den Nachbartischen kommen vom Einkaufsbummel, wollen sich nur kurz aufwärmen und wieder los. Peter Otten hat Zeit, er wartet auf einen Brief, auf das Urteil des Kirchengerichts.

Peter Otten hat sich als Angestellter der katholischen Kirche, als Pastoralreferent des Erzbistums Köln, in Elke Rogosky, eine geschiedene Frau, verliebt und mit ihr eine Beziehung begonnen. Damit begehen sie in den Augen der katholischen Kirche eine schwere Sünde, die »Unzucht«. Mehr noch: Peter Otten ist ein Ehebrecher, denn er bricht Elke Rogoskys erste Ehe, die – staatlich längst geschieden – vor Gottes Augen immer noch besteht. Für die Kirche undenkbar, unlebbar, auch heute noch. Jeder Katholik, der es trotzdem tut, bleibt von den Sakramenten, wie der Kommunion im Gottesdienst, ausgeschlossen. Wer, wie Peter Otten, für die Kirche arbeitet, kann entlassen werden.

Dass es aus diesem Unglück einen Ausweg gibt, wissen die wenigsten: einen Prozess – vor einem katholischen Kirchengericht. Nimmt man die katholische Lehre ernst, kann dieser Schritt eine legale, zweite Beziehung im Leben eines Katholiken ermöglichen. Die einstigen Ehepartner müssen dazu in einem kirchlichen Gerichtsverfahren beweisen, dass ihre erste Eheschließung nicht den Ansprüchen der katholischen Kirche genügt hat und deshalb auch niemals gültig war. Sie hat schlicht nie existiert.

Es ist das Reizthema der katholischen Kirche: Jede dritte Ehe in Deutschland wird geschieden. Doch statt mit dieser Realität umzugehen, verweist die Kirche auf die Justiz – auf die eigene. 22 katholische Kirchengerichte gibt es in

Deutschland, die sich fast ausschließlich mit dem Eherecht befassen, das die evangelische Kirche nicht kennt. 2015 führten sie gut 1200 Prozesse in drei Instanzen. Über diese Verfahren dringt so gut wie nichts an die Öffentlichkeit. Alle Beteiligten werden zur Geheimhaltung verpflichtet. Weltweit sind es alljährlich rund 72 000 Prozesse, im Jahr 2013 wurden auf diesem Weg 47 000 Ehen rückwirkend für ungültig erklärt.

»Ich habe erst gedacht, es ist eine Art von skurrilem Spiel.« Peter Otten sieht müde aus. Müde wie jemand, der genug Schlaf hat, aber wenig Kraft. »Ich habe mich gefragt, ob die nicht merken, wie absurd das ist.«

»Haben Sie Ihre Ehe vollzogen, Geschlechtsverkehr gehabt? Haben Sie dabei Verhütungsmittel benutzt?« Diese und andere Fragen haben Elke Rogosky und ihr Exmann vor den Kölner Kirchenrichtern beantwortet. Ihr Bruder, zwei Freundinnen, ein befreundeter Pfarrer und eine Kirchenmitarbeiterin wurden als Zeugen befragt. Darauf hat Elke Rogosky sich eingelassen, als sie sich entschied, den Prozess zu führen. »Nur um meinen Job zu retten«, sagt Peter Otten und fährt sich mit den Händen durchs Gesicht. Er möchte gern die ganze Geschichte erzählen. Die Kirche sei für ihn nur noch ein leeres Haus, sagt Peter Otten. Er wisse nicht, wohin mit seiner Wut.

Cäcilia Giebermann ist Richterin am größten deutschen Kirchengericht in Köln. Zwei Fälle wie der von Elke Rogosky kommen hier jede Woche an, zweimal in der Woche beginnt ein neuer Ehenichtigkeitsprozess.

Die Verfahren sind aufwendig: Kirchliche Vernehmungsrichter befragen Zeugen unter Eid, prüfen Beweise.

Briefe, Tagebucheinträge. Bände von Akten werden gefüllt. In einigen Fällen kommen Psychologen und Psychiater hinzu, die die einstigen Ehepartner begutachten. Kirchenrichter wie Cäcilia Giebermann fällen schließlich die Urteile. »Es ist ein sehr intensives Verfahren«, erklärt Cäcilia Giebermann. »Nach langen Gesprächen habe ich mir hoffentlich ein umfassendes Bild von dieser Ehe bilden können, und dann entscheiden wir, ob die Ehe am Anfang ungültig geschlossen wurde.«

Sie kann nichts Schlechtes an den Prozessen finden. Im Gegenteil: »Ich glaube, den meisten Menschen geht es darum, den Neuanfang zu machen, und unsere Aufgabe ist es, ihn zu ermöglichen.« Das sei eine einmalige Chance, sagt sie, leider kaum bekannt.

Erst Ende 2015 hat Papst Franziskus verfügt: Die kirchlichen Eheverfahren sollen vereinfacht werden, damit sie öfter in Anspruch genommen werden; die katholische Kirche setzt auf die Prozesse. Und auf das Gerichtspersonal, das seit 2010 in Deutschland auch noch eine weitere Aufgabe ausführt: die Ahndung von sexuellem Missbrauch innerhalb der Kirche.

Dieses Buch gibt zum ersten Mal einen Einblick in die Welt der deutschen Kirchengerichte. Es zeigt, welche Prozesse dort geführt werden und wer dort richtet. Prozessbeteiligte sprechen ausführlich über die Verfahren. Richter und psychologische Gutachter stellen sich kritischen Fragen. Die Betroffenen berichten von ihren Vernehmungen.

Über allem steht die Frage, wie die katholische Kirche jenen begegnet, die ihr Leben nicht so gestalten, wie sie es vorsieht.

1.

Ungültig verliebt

Das Paar, das es nicht geben darf

Alles beginnt an Karnevalssonntag 2007. Während die Höhner singen, rufen sich Elke Rogosky und Peter Otten die Koordinaten ihres bisherigen Lebens zu. Elke Rogosky arbeitet bei einem großen Versicherungsverband. Peter Otten ist Theologe. Nein, das habe sie überhaupt nicht verschreckt. Sie schüttelt den Kopf. »Ich habe gedacht: Das ist bestimmt ein tiefgründiger Mensch. Es hat ehrlich gesagt auch einen Teil meines Interesses ausgemacht.« Sie lächelt.

Elke Rogosky und Peter Otten erzählen ihre Geschichte in ihrer Wohnküche. Ein Mehrparteienhaus mitten in Köln, vierter Stock, hohe Stufen, einen Aufzug gibt es nicht, der Trinkwassersprudler steht auf der Küchenanrichte. Das Paar sitzt eng beieinander auf der Küchenbank, eine rostrot gestrichene Wand im Rücken. Vor ihnen steht ein massiver Holztisch, der sagt: Wir bekommen gern und viel Besuch. Über der Tür hängt ein schlichtes Holzkreuz. Elke Rogosky trägt eine weiße Bluse, ein Armband ist silber, eins mintgrün. Sie achtet auf ihr Äußeres, auf ihre Mimik kaum, man sieht ihr an, was sie denkt. Sie redet aus dem Herzen und braucht viel Platz dabei. Peter Otten bekommt gelegentlich einen Schlag ab, er kennt das. Er steckt die Hände in die Beuteltasche seines dunkelblauen Kapuzenpullovers und lehnt sich zurück. Ab und an kneift er ein Auge zu und legt den Kopf schief. Seine blauen Augen mustern. Es gibt Pasta. »Peter kocht immer, wenn Besuch kommt«, erklärt Elke Rogosky. Noch nie habe jemand die gemeinsame Wohnung hungrig verlassen. Sie sagt das mit Stolz, und sie sagt: »Unsere Wohnung.« Dabei gehört sie der Kirche, und Elke Rogosky dürfte hier genau genommen gar nicht sein. Zumindest nicht wohnen.

Peter habe ihr an ihrem Kennenlernabend erzählt, so erinnert sie sich, dass ihm eigentlich gar nicht nach Ausgehen zumute sei. Dass er gerade gemeinsam mit seinem Bruder die kranke Mutter pflege, dass Karneval sich falsch anfühle. Schnell reden die beiden über die wirklich wichtigen Dinge. Auch über das, was ihr Leben in den nächsten Jahren sehr kompliziert machen sollte. »Ich habe tatsächlich schon am ersten Abend erwähnt, dass ich geschieden bin«, sagt Elke Rogosky. Sie habe gewusst, was das für jemanden bedeute, der Katholik sei und zudem einen Arbeitsvertrag bei der katholischen Kirche unterschrieben habe. »Ich habe gesagt: Du weißt, ich bin eine geschiedene Frau, und vielleicht sollten wir das lieber lassen. Aber das war natürlich auch Koketterie, denn wenn man sich kennenlernt und verliebt, dann freut man sich, wenn der andere sagt: ›Das ist mir alles egal.‹« »Nein«, widerspricht Peter Otten, »du hast gesagt: ›Ich bin ungläubig und geschieden, lass lieber die Finger von mir.‹« Er schmunzelt. Ihm sei natürlich bewusst gewesen, dass es nicht einfach werden würde. »Aber ich wollte sie wiedersehen, das war ein richtiges Bedürfnis, ganz drängend.«

Als sie an jenem Abend spät in der U-Bahn verschwindet, weiß Peter Otten zumindest ihren Namen. Er findet ihre Arbeitsadresse im Internet und schreibt ihr einen Brief, eine CD mit seinen Lieblingsliedern ist mit im Umschlag. Sie gehen aus, am Rhein spazieren. So einfach ist es manchmal. Und auch nicht, denn geht es nach Peter Ottens Arbeitgeber, dürfen Elke Rogosky und er ihre Liebe nicht leben, geschweige denn heiraten. Was zivilrechtlich die legitime Wiederheirat von Geschiedenen ist, betrachtet die katholische Kirche als Ehebruch. Bis vor 100 Jahren noch eine zu ahndende Straftat, bis heute das »Verharren« in einer, so heißt es im aktuellen Kirchenrecht, »offenkundigen schweren Sünde« und damit auch ein Verstoß gegen das besondere kirchliche Arbeitsrecht.

»Manchmal haben wir abends nach der Arbeit drei, vier Stunden telefoniert«, erzählt Elke Rogosky von ihren ersten Monaten. »Peter hat viel davon erzählt, wie er seine Mutter pflegt, was alles dazugehört.« Da habe sie angefangen, sich richtig in ihn zu verlieben. Peter Otten guckt zur Seite, Elke Rogosky schaut ihn direkt an. »Da hatte ich das Gefühl, ich lerne dich gerade richtig gut kennen und wertschätzen. Selbst wenn wir kein Paar geworden wären, wäre ich, glaube ich, zeitlebens gern mit dir befreundet gewesen.« Sie sagt das ganz ernst, Peter Otten lacht laut. »Das ist mir damals dauernd passiert, dass Frauen ganz dick mit mir befreundet sein wollten.« Elke Rogosky lacht mit: »Da hast du diesmal Glück gehabt.«

Der Moment, in dem Elke Rogosky klar wird, dass sie ein Paar sind, ist, als sie ihren Namen in der Todesanzeige von Peter Ottens Mutter liest. »Dort stand: ›Peter und Elke‹, gedruckt. Er hat mich einfach reingeschrieben.« Es ist Mai 2007, drei Monate sind seit Karneval vergangen, drei besondere Monate, in denen die beiden andere Dinge im Kopf haben als Peter Ottens Arbeitgeber. »Ich muss ehrlich sagen, ich habe das erst mal ganz weit weggeschoben. Ich wollte das alles auch einfach genießen«, sagt Peter Otten. »Ich hatte damals eine schwere Zeit und habe ganz egoistisch gedacht: Das hast du dir, das haben wir uns jetzt einfach verdient, dieses Glück.«

Elke Rogosky hat damals eine kleine Wohnung in Bornheim, außerhalb von Köln. Da Peter Otten hier niemanden kennt, sind sie meistens dort. Die Wohnung ist nicht für zwei gemacht, trotzdem verbringen sie an diesem Ort viel Zeit miteinander. »Es gab kein Gespräch darüber, aber aus dem einen Hemd wurden drei und dann fünf und schließlich sieben, und danach kam ein Laptop dazu, und am Ende bist du einfach nicht mehr weggegangen.« Elke Rogosky lächelt, wird jedoch gleich wieder ernst. Aber zusammenziehen, das habe Peter immer gesagt, das gehe nicht. Deshalb habe er seine wichtigsten Sachen immer im Kofferraum durch die Gegend gefahren.

Peter Otten erklärt: »Spätestens in dem Moment, wo man mit einer geschiedenen Frau zusammenwohnt, nimmt die Kirche an, dass man auch in einer Sexualgemeinschaft lebt, und damit bricht man das Eheband des anderen. Das heißt, die Kirche geht dann davon aus, dass man ein Ehebrecher ist. Muss zwingend davon ausgehen.«

Jeder Katholik, der in so einer Situation lebt, darf streng genommen nicht mehr zur Kommunion im Gottesdienst gehen. In keinem Fall aber darf die- oder derjenige für die Kirche arbeiten, zumindest nicht in einer Vorbildfunktion. Etwa als Religionslehrer, Leiterin einer katholischen Kindertagesstätte, Chefarzt im katholischen Krankenhaus oder eben Pastoralreferent im Erzbistum Köln, so sieht es das katholische Arbeitsrecht vor. Dies ist der Moment, wo für die 700 000 Angestellten der katholischen Kirche die reine Lehre auf die Lebenswirklichkeit trifft. Peter Otten muss sich, wie viele andere, entscheiden: Lebt er seine Liebe, droht die Kündigung. Will er seinen Job behalten, bleiben nur Trennung, ein Leben in Heimlichkeit oder ein Eheverfahren.

Peter Otten und Elke Rogosky entscheiden sich zunächst für die Heimlichkeit, für das Leben am Rande des gerade noch Tolerierten. Er erzählt seinen Vorgesetzten nichts von seinem neuen Glück. »Es war von Anfang an eine sehr, sehr bedrückende Situation«, berichtet Peter Otten. »Wenn ich sie irgendwohin mitbringe, wird gefragt, also mache ich das nicht. Ich könnte mir natürlich eine Legende ausdenken. Ich könnte sagen, wir sind nur so befreundet … Ob mein Dienstvorgesetzter dann etwas gegen mich unternimmt oder nicht, dafür kann ich ein Gefühl haben, aber ihn offen darauf ansprechen kann ich nicht.«

»Am Anfang«, erzählt Elke Rogosky, »fand ich das nicht so problematisch, denn vor unseren Familien und vor unseren Freunden haben wir es nicht verheimlicht. Das hätte ich nicht hinbekommen.« Aber in den Monaten darauf sei es zunehmend schwieriger für sie geworden, wenn sie gefragt wurden, warum sie in dieser seltsamen Wohnsituation ausharrten. »Das war ein Rumgeeiere.«

Dass ein Eheverfahren die Lösung sein könnte, weiß Peter Otten noch aus dem Theologiestudium. Vorsichtig erzählt er Elke Rogosky davon. Neun Monate nach dem ersten Abend in der Karnevalskneipe erkundigt sie sich beim Kölner Kirchengericht, was ein solcher Prozess genau bedeute. »Die waren sehr nett, und ich habe auch schnell einen Termin bekommen. Ich bin da völlig arglos hingegangen …« »Was mir noch wichtig ist«, Peter Otten unterbricht sie schnell. »Ich wollte Elke in keiner Weise zwingen. Ich habe keinen Druck gemacht. Ich wusste, dass es diese Verfahren gibt, aber ich wusste nicht, was genau dahintersteckt.« Er hält kurz inne. »Ich hatte schon ein blödes Gefühl, als sie von ihrem ersten Beratungsgespräch zurückkam.«

2.

»Manche sind nicht einverstanden mit dem, was wir machen«

Ein erster Anruf beim Kirchengericht

Jeder, der sich oder seine Kinder katholisch taufen lässt, bekennt sich auf diese Weise nicht nur zum katholischen Glauben, sondern betritt auch einen neuen Rechtsraum. Für alle Katholiken weltweit gilt ein besonderes Gesetz: das kanonische Recht.

Von Anbeginn versteht sich die katholische Kirche nicht nur als Glaubens-, sondern auch als Rechtsgemeinschaft. Schon Jesus Christus hat diese benannt und bestimmt, es gibt eine Reihe kirchlicher Gesetze, die direkt auf göttliche Anordnung zurückgeführt werden. Die katholische Kirche sieht sich als dem Staat gegenüber gleichwertige, souveräne und autonome Rechtsgemeinschaft mit eigenen Regeln und erhebt den Anspruch auf eine eigene Rechtsprechung. Sie verhandelt bis heute vor ihren eigenen Gerichten kirchliche Straf- und Streitsachen – und eben Eheprozesse.

Die evangelischen Kirchen haben sich mit der Reformation von dieser römisch-katholischen Besonderheit gelöst und seitdem eine eigene Rechtsordnung, die in ihrer

Bedeutung für die Gemeinschaft nicht mit der der katholische Kirche vergleichbar ist. Die Protestanten kennen das Eherecht nicht, ein eigenes Strafrecht auch nicht, sie haben hingegen eine eigene Verwaltungs- und Disziplinargerichtsbarkeit. Für etwa 1,3 Millionen kirchliche Arbeitnehmer gilt in Deutschland zudem das besondere kirchliche Arbeitsrecht beider christlichen Kirchen.

Möglich ist all dies durch das im Grundgesetz verankerte Selbstbestimmungsrecht der Religionsgemeinschaften, das die eigenständige Ordnung und Verwaltung ihrer Angelegenheiten garantiert. Besonders nach den negativen Erfahrungen im Dritten Reich ging man sowohl von staatlicher Seite als auch innerhalb der Kirchen davon aus, dass es für die Religionsfreiheit und die Trennung von Staat und Kirche notwendig ist, unter anderem eine eigene, unabhängige Rechtsordnung zu besitzen. Was das betrifft, dürfen sich die Religionsgemeinschaften sehr umfangreich und ohne staatliche Überprüfung selbst organisieren. Die Kirchen haben das Recht, zu richten und eigene Gesetze zu erlassen, allerdings – innerhalb der Schranken der für alle geltenden staatlichen Gesetze.

So gibt es heute ein lebendiges kirchliches Gerichtswesen in Deutschland. Die 22 katholischen Kirchengerichte beschäftigen Hunderte feste und freie Mitarbeiter, allesamt finanziert aus der Kirchensteuer. Sie werden je nach Diözese Offizialat oder Konsistorium genannt. Den Hauptteil der dort verhandelten Verfahren machen die sogenannten Ehenichtigkeitsprozesse aus.

Die Verfahren selbst sind im kirchlichen Gesetzbuch geregelt, dem *Codex Iuris Canonici*, dem *Codex des kanoni-*

schen Rechts, einem schmalen Werk, nicht mehr als drei, vier Zentimeter dick. Die Kirchengesetze wurden erstmals im Mittelalter zusammengestellt. Aus diesen Sammlungen entwickelten sich schließlich die kirchlichen Gesetzbücher. Der erste Codex wurde 1917 erlassen, die heute geltende Fassung ist im Jahr 1983 in Kraft gesetzt worden. Ein Schwerpunkt katholischer Gesetzgebung ist das Eherecht, das für alle Kirchengerichte der Welt gilt.

Bis zur Zeit der Aufklärung gab es im christlichen Europa überhaupt kein weltliches, sondern allein das kirchliche Eherecht. Geheiratet wurde ausschließlich am Altar. Doch 1875 wurde die kirchliche Eheschließung in Deutschland für rechtlich unerheblich erklärt und allein die Zivilehe für rechtlich bindend bestimmt, sie sollte allen Menschen Glaubensfreiheit ermöglichen. Seitdem ist das kirchliche Eherecht für die Allgemeinheit unwirksam. Die katholische Kirche akzeptiert das bis heute nicht. Für sie ist der kirchliche Ehevertrag immer noch der Zeitpunkt der eigentlichen Eheschließung, eine Ehe ist erst mit der kirchlichen Trauung gültig. Die zivile Trauung hat innerkirchlich keinerlei Bedeutung. Streng genommen sprechen sich Kirche und Staat gegenseitig die Gültigkeit ihrer Eheschließungen ab.

Vor diesem Hintergrund erhebt die katholische Kirche bis heute den Anspruch, zu bestimmen, was eine Ehe genau ist und unter welchen Umständen sie als gültig geschlossen gilt. Keinesfalls soll das Missverständnis entstehen, so heißt es direkt zu Beginn der päpstlichen Instruktion *Dignitas Connubii* von 2005, die den Mitarbeitern der Kirchengerichte eine Hilfestellung bei der Anwendung des Eherechts geben soll, »dass Ehe und Familie (…) etwas Privates sind, was ein jeder nach seinem eigenen Gutdünken gestalten könnte«.

Nach katholischem Kirchenrecht kann eine einmal gültig geschlossene und geschlechtlich vollzogene Ehe unter Getauften durch keine menschliche Macht jemals wieder aufgelöst werden. Die katholische Kirche erkennt die weltliche Scheidung nicht an. Nach ihrem Verständnis kann eine solche Ehe nicht getrennt werden, es sei denn – und hier kommen die Kirchengerichte in Spiel –, sie war überhaupt niemals gültig. Die Überprüfung der Gültigkeit einer Eheschließung ist die einzige Möglichkeit, der einzige Kniff, wenn man so will, eine katholische Ehe zu beenden, indem sie schlicht als nie gewesen umdefiniert wird. Dazu müssen in einem aufwendigen Prozess die Umstände untersucht werden, unter denen die Eheschließung stattgefunden hat, auch wenn diese vielleicht schon Jahrzehnte zurückliegt.

Theorie trifft auf Praxis, sobald Betroffene, wie Elke Rogosky, zum ersten Mal die Nummer des für sie zuständigen, meist ortsnahen Kirchengerichts wählen. Wie läuft ein erstes Beratungsgespräch am Kirchengericht ab? Ein Anruf bei einem Offizialat irgendwo in Deutschland soll darüber Aufschluss geben. Der Herr von der Beratungsnummer, ein Kirchenrechtler, möchte gern behilflich sein, aber seinen Namen öffentlich nennen? Nein, das möchte er lieber nicht.

Es sei im Grunde ganz leicht, sagt er. Als Erstes müsse der Kläger, der gegen die Gültigkeit seiner Ehe klagt, einen Kla-

geantrag schreiben. Nein, nicht kompliziert. Zwei Seiten.
Da schicke er immer gern ein Musterexemplar. Man müsse
dann angeben, weshalb man meine, dass die Ehe nicht gültig zustande gekommen sei. Damit kein Missverständnis
aufkomme: Es gehe nicht um die Auflösung einer Ehe, sondern allein um die Feststellung, dass sie nie gültig geschlossen wurde. Und dann sagt er einen Satz, der aufhorchen
lässt: »Für Probleme, die in der Ehe entstehen, hat die Kirche keine Umgangsform.« Für die katholische Kirche seien
nur die Umstände vor und bei der Eheschließung relevant.
Da gebe es ein Dutzend Gründe. Ein Beispiel? Ausschluss
von Nachkommenschaft! Wenn man keine Kinder gewollt
habe. Oder: wenn man nie fähig gewesen sei, treu zu leben.
Er empfehle ein persönliches Gespräch im Offizialat. Auch
wegen der Beweisangebote, für die man ja selbst zuständig
sei. Die Zeugen, die man beibringe, seien von entscheiden-
der Bedeutung. Es gebe Zeugen, die zur Sache, und Zeugen, die zur eigenen Glaubwürdigkeit aussagen könnten.
Im Idealfall habe man weitere Beweise. Alles, was es schriftlich gebe, sei gut. Man solle sich keine Sorgen machen. Alle
Mitarbeiter des Gerichts wüssten, wie schwierig es sei, die
katholische Lehre zu akzeptieren. »Manche sind nicht einverstanden mit dem, was wir machen. Aber wir sind alle
nur dafür da, mit den Mitteln zu helfen, die das System bietet. Sicher gibt es Grenzen, aber man kann schon einiges
machen. Am Ende wollen wir ja einen kirchlichen Neuanfang erreichen. Gemeinsam.«

Als Elke Rogosky das erste Mal beim Kölner Kirchengericht anruft, hat sie folgendes Anliegen: Sie will ihre
Beziehung zu Peter Otten, Mitarbeiter der katholischen

Kirche, »legalisieren«, indem sie ihre frühere Ehe für ungültig erklären lässt. Bizarr dabei: Elke Rogosky war niemals katholisch verheiratet. Sie wurde 1989 im Ruhrgebiet in einer evangelischen Kirche evangelisch getraut. Allerdings war ihr Exmann katholisch, die katholische Kirche hat dieser Verbindung offiziell zugestimmt, einen Dispens ausgestellt. Und so muss auch Elke Rogosky vors katholische Kirchengericht. Wird ihre erste Ehe dort für nichtig erklärt, dann können sie und Peter Otten legal und kirchlich heiraten. Nur so entspricht sein Privatleben den Anforderungen, die das Arbeitsrecht der katholischen Kirche an ihn stellt, nur ein erfolgreiches Ehenichtigkeitsverfahren kann seine Lebenssituation so klären, dass er innerhalb der Kirche weiterbeschäftigt werden kann. Er darf keine uneheliche Beziehung führen, muss gültig verheiratet sein. Genau deshalb will Elke Rogosky dieses Verfahren führen.

»Ich bin schon ausgestiegen, als man mir damals sagte: ›Sie brauchen Zeugen.‹« Zeugen, die Dinge bestätigen könnten, die vor zwanzig, dreißig Jahren stattgefunden haben. »Da ist mir die ganze Dimension klar geworden, da habe ich begriffen, was so ein Verfahren überhaupt bedeutet.« Es habe ihr Angst gemacht, sagt Elke Rogosky. Sie habe Freunde und Familie nicht in einen Gerichtsprozess hineinziehen wollen. Denn das sei es ja. »Das alles wird wie ein Verfahren gehandhabt, wie ein anachronistisches Rechtsverfahren. Ich hatte von Anfang an das Gefühl, als würde ich in ein Paralleluniversum einsteigen. Schon die Wortwahl ist so skurril: ›Zeugeneinvernahme‹, ›Beweisaufnahme‹ – und das in der Kirche!«

Sie sei aber doch zu dem persönlichen Beratungsgespräch ins Bistum gefahren. Eine freundliche Dame habe ihr sehr geduldig zugehört und ihre Lebensgeschichte protokolliert. »Ich musste an diesem ersten Termin schon viel erzählen«, berichtet Elke Rogosky. In dem Gespräch sei schnell ersichtlich geworden, was in ihrem Fall ein möglicher Klagegrund gegen die Gültigkeit ihrer Ehe sein könnte. »Ich habe erwähnt, dass ich mir mit 22 Jahren, zum Zeitpunkt meiner Eheschließung, aus beruflichen Gründen keine Kinder vorstellen konnte. Dass ich künstlich verhütet habe.« Ja, das könnte etwas sein, habe die Dame gesagt. Elke Rogosky schaut ernst. »Das müsse ich, das müssten andere dann belegen, dass ich 1989 in dieser Überzeugung die Ehe geschlossen habe. Schon während des Termins habe ich mich die ganze Zeit gefragt: Wer um Himmels willen kann das denn bezeugen außer meinem Exmann? Mit wem spricht man überhaupt über so etwas?«

Die Dame habe ihr deutlich gemacht, dass es sinnlos sei, in den Verfahren etwas zu konstruieren oder zu lügen. »Sie seien alle erfahrene Vernehmungsrichter und würden das merken, hat sie gesagt. Und das erschien mir auch plausibel. Das würde ich eh von keinem Zeugen verlangen beziehungsweise keinem Zeugen zumuten. Dann habe ich überlegt: Mein Vater ist tot, meine Mutter dement. Zu meiner Freundin von damals habe ich keinen Kontakt mehr. Und meinen Exmann will ich damit nicht belämmern.« Peter Otten fasst zusammen: »Du warst schon enttäuscht.« »Für mich waren die Hürden zu hoch«, fährt Elke Rogosky fort. »Die Klage selbst zu begründen, wäre kein Problem gewesen, aber ich wusste nicht: Wie soll ich es beweisen? Und dann habe ich es verworfen, weil ich auch noch eine andere Hoffnung hatte: dass Peter den Kirchendienst verlässt.«

Peter Otten denkt lange nach, bevor er etwas dazu sagt. »Ich habe das nicht gemacht, aus ganz vielen Gründen. Zum einen: Ich war damals bei der KJG, dem Jugendverband der katholischen Kirche, und ich bewundere jeden, der sich in meiner Situation selbstständig macht, die Kirche verlässt, als Trainer oder Supervisor oder Journalist arbeitet. Da gehört wahnsinnig viel Mut dazu, aber ich hatte einfach Sorge, mit diesem Schritt meine gesamte Existenz aufs Spiel zu setzen.« Auch einige seiner engsten Freunde hätten nicht verstanden, dass er nicht gekündigt habe, aber er habe sich einfach nicht getraut, und natürlich hänge er auch an dem Beruf. »Das erste Jahr war mittelmäßig, aber dann kamen acht Jahre mit Franz Meurer, und das war einfach Wahnsinn.«

Franz Meurer ist einer der wenigen Pfarrer in Deutschland, von dessen Gemeindearbeit bundesweit zu hören ist. In den Kölner Stadtteilen Höhenberg und Vingst, wo fast jeder Vierte arbeitslos ist, organisiert er zum Beispiel alljährlich erfolgreich Ferienfreizeiten für über 500 Kinder. Auf einem Freigelände steht dann eine Zeltstadt: das HöVi-Land. Mit Gruppenzelten für die Kinder, dem Traktor der Vingster Karnevalsgesellschaft samt Anhänger als Transportmittel, mit einer Küche, in der drei Mahlzeiten pro Tag für über 600 Personen zubereitet werden können, mit einem Café, einer Bühne, einem Spiel- und einem Ausstellungszelt, unzähligen Workshops und mit dem »HöVi-Dom«, einer rückbaubaren Zeltkirche, dem Zentrum der Ferienmetropole. Unter dem Motto »Ökumene

ist doppelt so gut und halb so teuer« hat der Pfarrer auch
die evangelische Gemeinde mit im Boot. *Wenn nicht hier,
wo sonst?* heißt das Buch, in dem er und Peter Otten ihr
Verständnis von Kirche beschrieben haben. Mal motiviert
Franz Meurer seine Gemeindemitglieder, die Umgebung
mit tausend selbst bepflanzten Blumenbeeten zu verschö-
nern, dann wieder sammelt er in der Sonntagsmesse Geld
für den Bau der Kölner Großmoschee. Oder er zieht los
und entfernt im Viertel Wahlplakate von Rechtsextremen.
Zweimal musste er deshalb schon vor Gericht erscheinen.

Peter Otten lächelt. »Das ist eine Dimension von Seelsorge, die ich vorher nicht für möglich gehalten habe. Dass
man nicht nur redet, sondern handelt: Jugendlichen ein
Praktikum besorgt, Förderschüler gemeinsam mit Arzt-
töchtern einen Workshop leiten lässt, also alles, wo die
Gesellschaft sagt: Das funktioniert doch nicht! Das funktionierte da auf einmal.« Jeder Tag sei anders gewesen, jedes Jahr hätten sich mehr Kinder angemeldet. »Aus ganz
Deutschland kommen Leute, um sich unsere Projekte an-
zugucken, die Gottesdienste sind voll. Die Leute sagen
nicht: ›Das ist der Idiot von der Kirche‹, sondern man wird
auf Augenhöhe wahrgenommen. Das ist Arbeit mit so viel
Freude, Befriedigung, Selbstbestimmung, Wertschätzung
und auch Erfolg.« Er wollte das alles nicht aufgeben. »Peter
ist auch mit der Kirche verheiratet«, sagt Elke Rogosky leise.

Vier ganze Jahre dauert die Zeit des Abwägens, in der
das Paar viele Tage in Elke Rogoskys Zweizimmerwohnung
verbringt. »Mir wurde immer klarer«, erzählt Elke Rogosky, »es ist eine ausweglose Situation. Peter hat seine
Wurzeln in der Kirche und wird seine Existenz da nicht

aufgeben. Wir würden nie offiziell in einer Wohnung zusammenleben können. Selbst wenn wir es versucht hätten, wir hätten immer damit rechnen müssen, dass uns jemand denunziert. Zumindest ist die Angst im Hintergrund da, und mit diesem Gefühl lebt es sich nicht so toll.«

Und so kommt er eines Tages doch, der Punkt, an dem Elke Rogosky sich entscheidet, es mit einem Eheprozess vor dem Kirchengericht zu versuchen.

3.

»Wir führen sehr intensive Gespräche«

Eine Kirchenrichterin erzählt

Dass es in Deutschland Kirchengerichte gibt, ist kein Geheimnis. Längst drucken die Offizialate Flyer, Broschüren, beschäftigen Onlineagenturen, die die Internetseiten pflegen. In jedem Bistum gibt es die Möglichkeit zur kostenlosen Beratung. Wer danach sucht, findet Informationen. Aber um die Prozesse ist es still. Selten liest man darüber, kaum ein Kläger erzählt davon. Das ist kein Zufall. Alle Beteiligten sind zur Geheimhaltung verpflichtet, die Mitarbeiter unterliegen einer Schweigepflicht. Niemand soll über die Verfahren sprechen.

Kirchenjuristisch dient dies erst einmal nur dazu, dass die Prozessbeteiligten sich im laufenden Verfahren nicht gegenseitig beeinflussen. Außerdem gilt die Geheimhaltung dem Schutz der Privat- und Intimsphäre, denn schließlich werden in den Prozessen sehr persönliche Dinge aus dem Beziehungsleben thematisiert. Vertrauensschutz und Diskretion – so weit, so verständlich. Allerdings fragt man sich, warum die Beteiligten auch über den Prozess hinaus angehalten werden, die Details ihres Verfahrens für sich zu behalten.

In einem Ratgeber des Bistums Münster heißt es dazu: »In der Regel werden die Parteien selber daran interessiert sein, dass ihre Privatsphäre gewahrt bleibt, und auch selber auf die Zeugen einwirken, Verschwiegenheit im Freundes- und Verwandtenkreis zu wahren (...)« Man könne allerdings mitunter schwer verhindern, dass die Nachbarschaft oder Verwandtschaft von dem Verfahren erfahre. »Das Offizialat selber und seine Mitarbeiter werden die Verfahren nicht an die Öffentlichkeit bringen.« Warum schon die Information problematisch zu sein scheint, dass überhaupt ein Verfahren geführt wird, wird nicht erläutert.

Klar ist damit zunächst nur eins: Die Verfahren behandeln genau das Thema, das die katholische Kirche auch in Deutschland zurzeit schwer auf die Probe stellt. Es geht um die katholische Vorstellung von Liebe, Sex und Partnerschaft. Um den Umgang mit wieder verheirateten Geschiedenen. Und damit um eine Frage, die in den vergangenen Jahren wie zum Symbol für die Reformbereitschaft der katholischen Kirche geworden ist.

Kirchenrichterin Cäcilia Giebermann zieht vorsichtig die Spitze ihres rosafarbenen Blusenkragens unter dem schwarzen Jacket hervor. Sie hat ihre dunkelbraunen Haare zu einem festen Knoten gebunden, die beiden obersten Knöpfe ihrer auf Kante gebügelten Bluse trägt sie offen, die Perlenkette fällt kaum auf. Sie sitzt aufrecht an einem Tisch im Vernehmungsraum, dort, wo sie sonst den Klägern zuhört. Kaffee gebe es immer, sagt sie. Frische Blumen auch.

Cäcilia Giebermann schaut sich an ihrem Arbeitsplatz um: ein Tisch, drei Stühle, ein Computer fürs Protokoll, ein Kreuz mit Palmzweig, das Kirchengesetz im Regal, nicht dicker als ein Gesangbuch. Ihre Handkanten liegen gerade auf dem Resopaltisch auf, als säße sie bei einem vornehmen Essen. Sie ist keine Frau ausladender Gesten, aber sie lächelt viel, die dunkeln Augen strahlen. Angst muss hier niemand haben, das sendet sie aus. Sie will erklären und berichten, was es heißt, Kirchenrichterin am größten deutschen Kirchengericht zu sein.

Das Kölner Kirchengericht liegt unweit des Doms, etwas zurückgelegen zwischen der Industrie- und Handelskammer und dem Diözesanarchiv, im selben Haus wie das Priesterseminar. Der kirchliche Nachwuchs geht hier im großzügigen Park spazieren. Die hohe Mauer lässt keine Blicke von außen zu, roter Backstein, eher Finanzamt denn Gericht. Auch kein holzvertäfelter Saal mit Richterbank: Das Kirchengericht ist ein langer Flur, am Ende ein Bücherregal, ein Kopierer, in den abgehenden, schmalen Büros überprüfen 22 hauptberufliche und 26 ehrenamtliche und nebenberufliche Mitarbeiter im Wechseldienst katholische Ehen auf ihre Gültigkeit. Allein am Kölner Kirchengericht arbeiten neben Cäcilia Giebermann sieben hauptberufliche und 21 nebenamtliche Kirchenrichter. Hinzu kommen weitere Vernehmungsrichter, die für die Beweisaufnahme zuständig sind. Sie befragen die Zeugen, nicht nur vor Gericht, sondern gegebenenfalls auch bei den Betroffenen zu Hause. Von 14 000 Prozessen liegen bereits die Akten im Archiv.

Richterin Cäcilia Giebermann hat sich auf dieses Treffen vorbereitet, besser: Sie wurde auf dieses Treffen vorbereitet. Acht Monate hat es von der ersten Bitte um ein Interview mit einem Verantwortlichen des Kölner Kirchengerichts, das auch gefilmt werden soll, bis zu diesem Termin gedauert. Nun ist es so weit. Allerdings gibt es eine Einschränkung: Zehn Minuten maximal soll das Gespräch dauern. Der Einwand, dass man so nicht in die Tiefe gehen könne, prallt ab, man will kein Risiko eingehen, so scheint es. Dafür spricht auch die Tatsache, dass Cäcilia Giebermann bei dem Gespräch nicht allein ist, eine Presserferentin des Bistums bleibt die ganze Zeit an ihrer Seite. Bereit, auf die Uhr zu achten und bei kritischen Fragen zu unterbrechen. Inhaltlich bitte auch nicht nach allem fragen: Cäcilia Giebermann wird auf keinen konkreten Fall eingehen. Keine Klarnamen von Paaren, nur allgemeine Fragen bitte.

Cäcilia Giebermann ist keine Frau, die sich aus der Ruhe bringen lässt. Sie spricht sehr bedacht, wählt ihre Worte sorgfältig. Ihre Betonungen lassen alles, was sie sagt, wie eine sonntägliche Lesung klingen. Wie kommt man zu diesem Beruf? Sie stamme aus einer katholischen Familie, schon ihr Großonkel sei Pfarrer gewesen, er solle demnächst seliggesprochen werden, das Verfahren laufe noch.

Eigentlich ist Cäcilia Giebermann Ärztin. Doch zusätzlich studierte die gläubige Katholikin und Mutter von fünf Kindern Kirchenrecht. »In beiden Berufen geht es um den Menschen. Als Ärztin habe ich gelernt, den Menschen zuzuhören, mich einzufühlen. Mir hilft die Verbindung aus meinen beiden Fächern hier sehr.« Seit fast 20 Jahren arbeitet sie am Kirchengericht in Köln, inzwischen hauptberuflich. Es gibt genug zu tun.

»Das ist ein sehr aufwendiges, ein sehr intensives Verfahren, das wir hier mit den Menschen führen«, erklärt Cäcilia Giebermann den Ehenichtigkeitsprozess im Detail. »Ich darf es einmal verstehbar machen: Die Menschen rufen hier an und bitten um Hilfe.« Als Erstes biete man ihnen ein Beratungsgespräch an. »Wenn sie dann hierherkommen, bitte ich sie in ein Gesprächszimmer, zum Beispiel hier in diesen Raum, und lasse sie erst einmal ankommen.« Sie lacht fröhlich auf. »Manche Menschen beginnen von sich aus zu erzählen, anderen stelle ich behutsam ein paar Fragen, und dann höre ich zu, oft stundenlang. Ich will in diesen Gesprächen verstehen, mit welchen Erwartungen und Wünschen ein Mensch in die Ehe gegangen ist. Was die Enttäuschungen waren, die er verkraften musste.« Die Menschen, die zu ihr kämen, seien in einer extremen Situation, in einem Moment, wo sie sich sehr öffnen und Privatestes preisgeben; da sei es wichtig, Ruhe auszustrahlen und zuzuhören. Habe sich derjenige am Ende des Gespräches entschieden, ein Verfahren zu führen, würden weitere Gespräche folgen. »Zum Beispiel fragen wir dann, ob ein Mensch wirklich reif war, eine Ehe zu schließen. Gerade heute wachsen viele ohne ein stabiles soziales Umfeld auf, gerade heute haben viele Menschen in ihrer Pfarrgemeinde keine gute Ehevorbereitung mehr. Aus diesen oder anderen Gründen kann es sein, dass der Mensch eine Ehe eingeht, ohne dass es eine eigenverantwortete Entscheidung war. Diese Ehe würde die Kirche für ungültig erklären.« Im Zweifelsfall hole man sich Hilfe von außen: »Es gibt psychologische, psychiatrische Gutachter, in Einzelfällen arbeiten auch Gynäkologen an den Verfah-

ren mit.« Anschließend seien die sogenannten Ehebandverteidiger an der Reihe, sechs gebe es am Kölner Gericht.
Sie verteidigten ausschließlich die Interessen der katholischen Ehe, argumentierten für ihren Erhalt und schrieben
dazu abschließende, umfangreiche Anmerkungen. Am
Ende entschieden die Richter allein auf Aktenbasis. Eine
Verhandlung im klassischen Sinne gebe es nicht.

Alles, was Cäcilia Giebermann sagt, klingt großzügig, zugewandt. Im Gegensatz zu dem Herrn von der Beratungs-
stelle sagt sie »Gespräch« statt »Vernehmung«, »behutsame
Fragen« statt »Beweisaufnahme«, »die Menschen« statt
»Zeugen« oder »Kläger«. Das alles hört sich nach Kirche,
nach Seelsorge an, nicht nach einem Gerichtsprozess. Der
Widerspruch offenbart das Dilemma. Sich Menschen in Be-
ziehungskrisen verständnisvoll zuwenden und anschließend
nach strenger kirchlicher Lehre und Rechtsnorm ein Urteil
fällen: Dieser Spagat ist die Aufgabe der Kirchenrichter, und
die Frage bleibt, wie das im Detail funktionieren soll.

Das Gespräch mit Cäcilia Giebermann kippt, als es
konkret wird. Eine Frage nach Elke Rogoskys Fall ist nicht
gestattet, aber eine allgemeine Frage nach ihrem möglichen
Klagegrund, dem »Kinderausschluss«, ist möglich. Darf
man nach katholischem Verständnis heiraten, wenn man
weiß, dass man keine Kinder bekommen möchte? Cäcilia
Giebermann nickt, ihr scheint klar gewesen zu sein, dass
diese Frage kommen wird. Sie muss nicht lange nachden-
ken: »Jeder Mensch wünscht sich, dass seine Partnerschaft
gelingt. Wenn ein Partner am Anfang denkt, dass er dem
anderen Partner den Wunsch nach eigenen Kindern nicht
erfüllen will, dann fehlt seinem Eheversprechen etwas

Wichtiges, und die Ehe hat vielleicht auch keine Chance zu gelingen, weil der andere sich ja Kinder wünscht. Eine Ehe, die keine Chance hat zu gelingen, würden wir für ungültig erklären.«

Und was, wenn der Partner sich ebenfalls keine Kinder wünscht? Wenn sich beide einig sind? »Das ist ein sehr spezieller Fall.« Cäcilia Giebermann lächelt und macht mit der langen darauf folgenden Pause deutlich, dass sie nicht vorhat, eine Antwort auf diese Frage zu geben. Weil das zu selten vorkomme, sagt sie noch.

Dabei geht es um eine der spannendsten Fragen, denn hier endet die Seelsorge, hier beginnt das kanonische Kirchenrecht. Hier gibt es kein Entgegenkommen, Erwartungen und Wünsche spielen keine Rolle. Das ist die Grenze: Eine katholische Ehe ist ungültig, wenn man keinen Nachwuchs möchte. Im Umkehrschluss heißt das: Wer keine Kinder möchte, darf nicht katholisch heiraten.

Aber was ist mit denen, die keine Kinder bekommen können? Gibt es darauf eine Antwort? Können impotente, etwa querschnittsgelähmte Menschen dann überhaupt eine gültige katholische Ehe schließen? Dürfen sie heiraten? »Auch das ist eine sehr spezielle Frage, und wir haben sehr wenige Fälle, darum ...« Cäcilia Giebermann setzt neu an: »Grundsätzlich nehmen wir den Neuanfang da in den Blick, wo er möglich ist.« Sie wirft einen Blick zur Pressereferentin, die bereits einige Minuten zuvor darauf hingewiesen hat, dass die Zeit abgelaufen sei. Fünf weitere Minuten hat sie genehmigt. »Ich habe leider auch gleich noch einen Termin«, sagt Cäcilia Giebermann, drückt die Lippen aufeinander und zieht die Augenbrauen hoch. Nur diese eine Frage noch, es geht ja schnell: Dürfen Paare, die keine Kinder bekommen können, eine Ehe eingehen? Sie lächelt und wiederholt: »Grundsätzlich nehmen wir den Neuanfang in den Blick. Und ich freue mich, wenn wir Menschen diese Chance geben können.« Das war es, hier bricht die Pressereferentin ab. Cäcilia Giebermann muss los. Die Bitte im Nachgang, weiter mit ihr im Gespräch zu bleiben, wird abgelehnt. Nicht von ihr, von der Pressestelle. Man bittet darum, keinen persönlichen Kontakt zu Frau Giebermann aufzunehmen.

4.

Bis der Tod euch scheidet

Wie sich die katholische Kirche die ideale Ehe vorstellt

Es wäre sicher spannend zu erfahren, wie viele Katholiken in Deutschland überhaupt wissen, was eine katholische Ehe ausmacht, worauf genau man sich einlässt, welche Ansprüche die Kirche an die Ehepartner stellt. Bekäme jeder Heiratswillige an der Kirchentür noch schnell einen Handzettel gereicht, auf dem die wichtigsten Eckpunkte stünden: Wie viele Paare würden das Gotteshaus noch mit Schwung zur Hochzeit in Weiß betreten?

Als Elke Rogosky und Peter Otten dreieinhalb Jahre zusammen sind, gibt es etwas zu feiern: An Allerheiligen 2010 geht Elke Rogosky zur Firmung und konvertiert. Nun ist sie Mitglied der katholischen Kirche. »Ich hatte so viel von Peters Arbeit in der Kirche, vom Gemeindeleben bei Pfarrer Meurer mitbekommen, und das, was ich da gesehen habe, hat mich überzeugt.« Sie habe Peter Löcher in den Bauch gefragt, viele Gespräche geführt, sich die Messe erschlossen. »Ich habe immer gesagt: ›Ich werde alles, aber nie im Leben katholisch!‹, aber wenn

Kirche so ist wie da, kann ich damit etwas anfangen. Das hat mir, wie vielen anderen, imponiert.« In dieser Zeit sprechen sie und Peter Otten oft über ihre Vorstellungen von einer idealen Ehe. »Ich halte viel davon, dass Menschen sich Mühe geben«, sagt er zu diesem Thema, »dass man, auch wenn es schwer ist, zueinandersteht, dass man Dinge aushält, dass man dann nicht wegläuft.« Er sei ein glücklicher Mensch, wenn er treu sei, sagt Peter Otten. Egal, ob in der Beziehung, im Beruf oder in Freundschaften. Aber Treue um jeden Preis sei für ihn keine Treue mehr. Eine Beziehung müsse auch beendet und dann neu begonnen werden dürfen, das sehe er eher protestantisch. »Wenn es unerträglich wird, muss es doch einen Ausweg geben.« Elke Rogosky nickt. »Menschen heiraten, Menschen gehen auseinander, finden sich neu. Ich behaupte: Niemand möchte das. Niemand will doch diese Lebenskrise.« Aber sie wundere sich, warum die katholische Kirche diesen Fakt nicht akzeptiere. »Sie verkennt völlig die Realität.« »Weil die Kirche sich der Mehrheit nicht verpflichtet fühlt«, Peter Otten sieht sie nun direkt an, sein Tonfall verrät nicht, ob das eine Kritik an der Kirche oder an seiner Partnerin ist. »Die Kirche fühlt sich nur Gott verpflichtet«, ergänzt er noch. Sie führen dieses Gespräch nicht zum ersten Mal.

Das besondere Eheverständnis gehört, wenn man so will, zum Markenkern der katholischen Kirche. Einer, der es jeden Tag hinterfragt, ist Norbert Lüdecke, Professor an der Universität Bonn, Kirchenrechtler, Leiter der Katholischen Theologischen Fakultät.

Nobert Lüdecke sitzt in seinem Eckzimmer im Turm der Universität und sieht nichts. Die Fenster sind mit Plastikplanen verhangen, die Fassade wird gerade neu gestrichen, innen müsste man auch mal ran. Norbert Lüdeckes Zimmer ist eine Ausnahme in diesem Bruchbau, mehr Bibliothek als Büro. Das Wichtigste für seine Arbeit, der Codex, das kirchliche Gesetzbuch, liegt griffbereit auf seinem Schreibtisch. »Daran halten wir uns«, sagt er und hält es hoch, darin stehe alles Relevante. Norbert Lüdecke trägt ein dunkelbraunes Cordjacket, ein blau-weiß kariertes Hemd, eine randlose Brille. Er spricht schnell und klar. Auch wenn er erklärt, warum die katholische Ehe bis zum Tode angelegt ist.

»Gott hat mit der Erschaffung des Menschen als Mann und Frau zugleich die Ehe als Lebensform für alle Menschen vorgegeben: Die Ehe ist Gottes Plan für die Menschen«, erklärt Norbert Lüdecke die amtliche Position der katholischen Kirche. »Der Papst und die von ihm abhängigen Bischöfe sehen sich von Gott befähigt und beauftragt, diesen Plan zu verwirklichen – auch durch das Kirchengesetz.«

Dabei, wirft Norbert Lüdecke ein, sehe sich die katholische Kirche durchaus nicht nur für katholische Beziehungen zuständig. Sie beanspruche eine globale Definitionshoheit. »Das heißt übersetzt: Nur die katholische Kirche stellt und legt weltweit in Gottes Auftrag fest, was eine Ehe ist und wer überhaupt heiraten kann!« So sage es auch das kirchliche Gesetz. »Und der Kern dieser katholischen Definition ist: Die Ehe ist eine Gemeinschaft nur zwischen Mann und Frau für ihr ganzes Leben.«

Völlig eindeutig, das räumt er ein, gehe das aus der Bibel nicht hervor. Aber eine Reihe von Bibelpassagen seien im Laufe der Geschichte dergestalt ausgelegt worden, dass eine Ehe von zwei Getauften, die nach der Heirat mindestens einmal miteinander geschlafen haben, absolut unauflöslich sei. »Was Gott verbunden hat, das darf der Mensch nicht trennen«, zitiert Norbert Lüdecke eine der bekanntesten Bibelstellen für diese amtliche Auffassung. Und das gelte auch dann, wenn die Beziehung längst zerrüttet sei. Professor Norbert Lüdecke hebt die Augenbrauen, viel mehr kommentiert er nicht. Er formuliert nun vorsichtig: »Bibelwissenschaftler und andere Theologen zweifeln zwar schon seit Langem an dieser Interpretation, aber das kirchliche Lehramt hält an seiner verbindlichen Auslegung fest.«

Praktisch bedeutet das: Für die katholische Kirche ist das Ende der Gefühle nie das Ende einer Ehe. Egal, was während der gemeinsamen Zeit passiert, ob man sich schlicht auseinanderlebt oder gar betrogen, geschlagen, gedemütigt wird, man bleibt zur Versöhnung aufgerufen und für das Wohl des anderen auch weiterhin verantwortlich – bis zum Tode. Je nach persönlicher Überzeugung traut oder mutet diese Interpretation den potenziellen Ehepartnern einiges zu: Sie treffen mit der Eheschließung eine Entscheidung, die sie ein Leben lang an einen einzigen Menschen bindet. Was befähigt den Menschen nach Meinung der katholischen Kirche zu solch einem weitreichenden Entschluss?

»Nach der katholischen Lehre hat Christus der Kirche sieben Sakramente hinterlassen, deren Empfang die Gläubigen mit einer besonderen geistlichen Kraft, genauer mit einer Gnade, ausstattet, und die Ehe ist eines davon.« Professor Norbert Lüdecke setzt sich auf. »Im Falle des Ehesakraments bedeutet das: Durch diese im Sakrament vermittelte Gnade erhalten die Partner, bei aller menschlichen Schwäche, die Fähigkeit, in ihrer Ehe genauso treu zu sein, wie Christus seiner Kirche treu war.« Kraft dieser Gnade Gottes, so die Lehre, könnten die Gläubigen also Ehekrisen bewältigen und einander immer vergeben. »Selbst da, wo ein Zusammenleben rein menschlich nicht mehr zumutbar ist, haben sie demnach die Kraft, an ihrem ursprünglichen Jawort festzuhalten.« Damit sei die Unauflöslichkeit der Ehe nicht bloß eine Idealvorstellung der katholischen Kirche, sondern ein Erfüllungsgebot für alle Katholiken. »Mit der besonderen Hilfe Gottes, so die Lehre, ist das machbar.«

Natürlich, merkt Professor Norbert Lüdecke an, könne dieses Verständnis beim Scheitern einer Ehe zum Problem werden. »Die kirchliche Auffassung, Gott fordere nichts Unmögliches und überfordere niemanden, sondern stehe den Gläubigen immer bei, wirft das Scheitern einer Ehe tatsächlich vollständig auf die Partner zurück. Sie haben dann nicht nur in der Beziehung versagt, sondern auch die Sakramentsgnade nicht so genutzt, wie Gott sie ihnen anbietet.« Nach dieser Auffassung könne es für Betroffene keine Entlastung geben. Das Scheitern einer Ehe und ein Neuanfang mit einem neuen Partner sei in der katholischen Kirche nicht vorgesehen. »Sie kann den Menschen schlicht nicht helfen, indem sie ihre neue Beziehung anerkennt.« Das kirchliche Gesetz sei da eindeutig.

»Wer gültig kirchlich geheiratet hat und nach einer staatlichen Scheidung zivil wieder heiratet, hat in den Augen der katholischen Kirche die alternativlose Pflicht, sich zu trennen. Die neue Verbindung als solche hat kirchlich keinen Wert.« Nur wenn man in der neuen Beziehung bereits zusätzliche Verpflichtungen habe, etwa einen schwerkranken Partner oder weitere Kinder, dürfe die neue Lebensgemeinschaft aufrechterhalten, müsse aber sexuell enthaltsam gelebt werden. »Das ist dann das sogenannte Zusammenleben wie Bruder und Schwester. Alles andere wäre Ehebruch, also von der Kommunion ausschließende schwere Sünde.« Wer etwas daran ändern wolle, müsse die Lehre ändern.

In der evangelischen Kirche stellt sich das anders dar. Martin Luther sagte über die Ehe, sie sei zwar von Gott gestiftet und »nicht von Menschen erdichtet«, allerdings lege der Staat fest, wie eine Ehe zustande komme und beendet werde. Sie sei, so schreibt er, ein »äußerlich, weltlich Ding wie Kleider, Speise, Haus und Hof, weltlicher Obrigkeit unterworfen«. Scheitert eine Ehe, benötigen die Betroffenen nach protestantischem Verständnis seelsorgerische Hilfe und Aufarbeitung. Unter dieser Voraussetzung aber ist eine Wiederheirat in der evangelischen Kirche möglich.

In der katholischen Kirche, erklärt Norbert Lüdecke, habe das Jawort eine extreme Konsequenz: »Zu Lebzeiten der Partner – nie wieder eine andere Beziehung.« Das sei aber nicht die einzige Besonderheit. »Mit ihrem Jawort verpflichten sich die Partner außerdem zu einem zeugungsgeeigneten Geschlechtsverkehr, ohne künstlich zu verhüten, und zwar ausschließlich miteinander und für immer.

Außerdem besteht die Pflicht zur Kindererziehung.« Nach geltendem Kirchenrecht sei die Ehe darüber hinaus auf das Wohl der Partner, das Gattenwohl, hingeordnet.

Die Zeugung von Nachkommen ist, nach katholischem Verständnis, nicht Entscheidungs des Paares. 2006 drückte es Kardinal Meisner in seinem Hirtenbrief »Ehe und Familie – Gottes Geschenk für Kirche und Welt!« so aus: »Ein von Herzen kommendes ›Ja‹ zur Nachkommenschaft ist (…) mehr als eine Privatangelegenheit zweier Menschen. Es ist Teil ihrer besonderen Sendung als christliche Eheleute. Indem sie mit der Schöpferkraft Gottes zusammenwirken, bauen sie nicht nur die Gesellschaft auf, sondern auch die Kirche Gottes. So gehört die Familie zum unverzichtbaren Bestandteil der bleibenden Sendung der Kirche, das Evangelium zu verbreiten.«

Professor Norbert Lüdecke fasst zusammen: »Die einzige sittlich legitime geschlechtliche Beziehungsform von zwei Menschen ist in den Augen der katholischen Kirche die Ehe zwischen Mann und Frau. Und das Ziel ist klar: Kinderreichtum und damit auch neue Christen.«

Das Problem des katholischen Ehebegriffs offenbart der Umkehrschluss: Die katholische Kirche akzeptiert schlicht keine nicht ehelichen Partnerschaften. Sittlich legitimen Sex gibt es nur zwischen verheirateten Partnern. Alles andere bezeichnet die Kirche als »Unzucht«. Dazu heißt es im Katechismus, dem Handbuch für die Grundfragen des christlichen Glaubens: »Unzucht ist die körperliche Vereinigung zwischen einem Mann und einer Frau, die nicht miteinander verheiratet sind. Sie ist ein schwerer Verstoß gegen die Würde dieser Menschen und der menschlichen

Geschlechtlichkeit selbst, die von Natur aus auf das Wohl der Ehegatten sowie auf die Zeugung und Erziehung von Kindern hingeordnet ist.«

Konkret bedeutet das: Jede sexuelle Beziehung vor der Ehe ist Unzucht, eine Beziehung ohne Trauschein ist Unzucht, eine Beziehung nach einer gescheiterten Ehe auch; eine Beziehung zu einem gleichgeschlechtlichen Partner sowieso. All diese Formen der Beziehung nimmt die Kirche weder ernst, noch erkennt sie sie an, sie gelten als sündige Verbindungen. »Nein, absurd ist das nicht, so weit würde ich nicht gehen. Es ist – katholisch«, sagt Professor Lüdecke.

»Staatliche Gesetze«, so erklärt er weiter, »die etwa homosexuellen Partnerschaften ehegleiche rechtliche Garantien geben, stehen für die Kirche im Widerspruch zum Sittengesetz, sie sind illegitim. Homosexuelle haben in den Augen der Kirche kein Recht auf die Ehe.« Das gelte im Übrigen auch für Transsexuelle. Kirchenamtlich sei mehrfach diskret klargestellt worden, dass sich die Geschlechtszugehörigkeit nach dem biologischen oder genetischen Geburtsgeschlecht richte, nicht nach dem Geschlechtsbewusstsein. »Eine zivilrechtliche Änderung der Geschlechtszugehörigkeit erkennt die Kirche nicht an. Denn für sie muss jeder Mensch seine Geschlechtlichkeit akzeptieren und annehmen.« Darüber, so sehe es die Kirche, könne sich auch das staatliche Recht nicht hinwegsetzen.

Und nein, eine Diskriminierung sei dies für die katholische Kirche nicht, denn was genau Diskriminierung sei und was nicht, bestimme ja ebenfalls die kirchliche Autorität.

»Das kirchliche Lehramt unterscheidet gerechtfertigte und ungerechtfertigte Ungleichbehandlungen, und hier liegt aus kirchlicher Sicht eine berechtigte Ungleichbehandlung vor. Also: keine Diskriminierung.«

Die Begründung dafür sei, dass die katholische Lehre an einer gottgewollten dualen Geschlechterordnung, Mann und Frau, festhalte. Sexuelle Orientierungen, die dazu nicht passten, erkenne die Kirche nicht als gleichrangige Varianten der Schöpfung an. Daran hätten auch die Diskussionen und Entscheidungen auf politischer Ebene, zum Beispiel auch das Lebenspartnerschaftsgesetz in Deutschland, nichts geändert, im Gegenteil. »Von katholischen Gläubigen und insbesondere katholischen Politikern wird weiterhin erwartet, dass sie sich allen gesellschaftlichen und staatlichen Bestrebungen entgegenstellen, die den Schutz sexueller Minderheiten vor Gewalt und Verfolgung menschenrechtlich damit begründen, dass ihnen auch das Recht auf Ehe und Familie als ein Grundrecht für alle Menschen zustehe.«

2002 hat die vatikanische Kongregation für die Glaubenslehre dazu eine bis heute gültige Schrift mit dem Titel »Lehrmäßige Note zu einigen Fragen über den Einsatz und das Verhalten der Katholiken im politischen Leben« verfasst. Darin heißt es, dass bei den »überstürzenden Ereignissen der letzten Zeit« bedenkliche Positionen zutage träten, »sodass eine Klärung wichtiger Aspekte und Dimensionen« angebracht erscheine. Zum Thema Ehe steht dort, dass dringend der Schutz und die Förderung der Familie gewährleistet werden müssen, »die auf der monogamen Ehe zwischen Personen verschiedenen

Geschlechts gründet und die in ihrer Einheit und Stabilität gegenüber den modernen Gesetzen über die Ehescheidung zu schützen ist. Andere Formen des Zusammenlebens können der Familie in keiner Weise rechtlich gleichgestellt werden noch als solche eine gesetzliche Anerkennung erhalten.«

Professor Norbert Lüdecke schüttelt den Kopf, viel möchte er dazu nicht sagen, nur dies: »Dass die Kirche mit dieser Position ein massives Vermittlungs- und Geltungsproblem hat, steht auf einem anderen Blatt.« Wie sehr das alles vom Leben der Katholiken in Deutschland abweiche, hätten ja allein die Befragungen der Basis im Vorfeld der letzten Bischofssynode noch einmal gezeigt. »Für viele Katholiken ist die lebenslange Treue ein hohes Ideal. Die kirchlichen Schuldzuweisungen nach dem Scheitern von Beziehungen empfinden sie trotzdem als unangemessen.« Die Mehrheit der Gläubigen kritisiere heute, dass es in ihrer Kirche keinen angemessenen Umgang mit dem Scheitern gebe. Dass man nur diese eine Chance habe.

Der Papst habe daraufhin noch vor der Synode 2015 betont, dass es ja durchaus noch eine andere Möglichkeit gebe: Er setze als Hilfe für wieder verheiratete Geschiedene vor allem auf die Kirchengerichte, auf die Eheverfahren. »Für mich ist das ein deutlicher Hinweis, dass er keinen Weg sieht, die reine Lehre zu relativieren, dass an dieser Stelle nicht mit fundamentalen Veränderungen zu rechnen ist«, sagt Professor Norbert Lüdecke.

Also der Gang vor ein Kirchengericht als Lösung des Problems? »Für viele Katholiken«, sagt Norbert Lüdecke,

»kommt das leider überhaupt nicht infrage, nachdem sie einmal verstanden haben, worum es dort geht.«

Dies erlebt auch er mitunter, wenn sich Betroffene mit der Bitte an ihn wenden, sie kirchenrechtlich über die Eheverfahren zu informieren oder sie bei einem kirchlichen Prozess zu begleiten. Er übernimmt das ehrenamtlich und vertraulich. »Natürlich gibt es Menschen, die schockiert sind von der Dimension des Verfahrens. Und es gibt auch die, die diesen Aufwand nicht auf sich nehmen wollen oder können, weil sie einfach mit Erfahrungen aus der ersten Beziehung nicht mehr konfrontiert werden möchten. Sie haben das entweder aufgearbeitet oder eben noch nicht, und sie halten es schlicht nicht aus, wenn jetzt noch einmal alles aufgewühlt wird.«

5.

Irrtum, Täuschung, Totalsimulation

Die Klagegründe
vor dem Kirchengericht

Als sich Elke Rogosky Ende 2011 entscheidet, den Kirchengerichtsprozess doch anzugehen, ist sie seit über vier Jahren mit Peter Otten zusammen. Sie haben sich vor allem
in Elke Rogoskys Zuhause getroffen. Seine eigene Wohnung in der Kölner Innenstadt hat Peter Otten behalten
und weiter bezahlt, zur Sicherheit.

»Ich hatte tatsächlich Schiss«, sagt er, »denn ich brauchte
ja für meinen Arbeitgeber eine Postadresse, und wenn ich
offiziell zu Elke gezogen wäre, hätte ich mich in der Personalabteilung des Bistums ummelden müssen. Womöglich
wäre da nichts passiert, aber man weiß es eben nie genau.«
Es sei eine Absicherung gewesen. »Wenn jemand, wie es
der Teufel will, mal eine doofe Frage gestellt hätte, dann
wäre klar gewesen: Formal läuft alles korrekt. Natürlich
kann man sagen, das ist übertriebene Angst, aber im Hintergrund war das doch immer eine Beruhigung.« »Aber es
hat uns beide auch sehr belastet«, fügt Elke Rogosky hinzu.
»Peter wollte und will in der Kirche weiter gute Arbeit

machen. Das verstehe und das unterstütze ich ja. Und gleichzeitig bringt uns derselbe Arbeitgeber, für den er sich so reinhängt, privat in eine Situation, in der uns die Angst die ganze Zeit im Nacken sitzt, die Angst, dass man sich zu scharf am Rande dessen bewegt, was arbeitsrechtlich noch legal ist.« Sie sei sich manches Mal vorgekommen wie eine Verbrecherin. »Als ich Peter kennengelernt habe, war ich nicht einmal Kirchenmitglied, ich war seit Jahren geschieden und habe nichts anderes gemacht, als mich in jemanden zu verlieben, der Arbeitnehmer der katholischen Kirche ist.« Und das führe zu solchen Lebensumständen, im dritten Jahrtausend, in Deutschland.

Dass sich Elke Rogosky nun doch noch für den Kirchenprozess entscheidet, hat einen Anlass. Ihr wird in dieser Zeit klar, dass sich aufgrund ihrer besonderen Lebensumstände auch eine weitere wichtige Lebensfrage endgültig beantwortet hat. Eine Frage, auf die sie unter anderen Bedingungen vielleicht auch eine andere Antwort gefunden hätten.

»Wir haben uns wenige Tage nach meinem 40. Geburtstag kennengelernt.« Elke Rogosky lächelt. »Es war klar, wenn wir beide gemeinsam Kinder haben, eine Familie gründen wollen, dann bald.« Aber dann hätten sie natürlich als Paar offen auftreten müssen. »Peter hätte dann wahrscheinlich keinen Job mehr gehabt, und ich wäre für das Einkommen allein verantwortlich gewesen. Und so haben wir das …«, sie sucht nach dem richtigen Wort, »aufgegeben.« Dass sei ihr zu diesem Zeitpunkt, Ende 2011, bewusst geworden. Peter Otten atmet tief ein: »Andere Leute wollen ein Kind, und dann kriegen sie eins. Und bei mir wäre die Konsequenz mutmaßlich der Verlust meines Jobs.« Natürlich könne jeder sagen: Selbst schuld, warum arbeitest du auch für diesen Verein? »Aber kann das wirklich das Gegenargument für alle sein, die in Deutschland im Dienst der katholischen Kirche stehen? Das betrifft ja nicht nur mich, sondern auch die Chefs katholischer Kindergärten, Lehrerinnen in Schulen und Caritas-Leiterinnen. Alle, die die Kirche, aber auch die sozialen Einrichtungen am Laufen halten. Will man das wirklich? Will man die alle loswerden, wenn sie sich neu verlieben?«

Elke Rogosky erzählt, sie sei irgendwann an einen Punkt gekommen, wo sie sich machtlos gefühlt habe, so als habe sie die Entscheidungsgewalt über ihr eigenes Leben verloren. »Mir war dann plötzlich klar: Auch wenn es vielleicht wenig Aussicht auf Erfolg hat, auch wenn es ewig dauert, ich will es doch mit dem Prozess versuchen, weil das offensichtlich der einzige Weg ist, dass wir uns, unsere Beziehung, und gleichzeitig Peters Job retten können.« Sie habe einfach Frieden gewollt.

Kurz vor dem Jahreswechsel 2011 ruft Elke Rogosky ihren Exmann an. Das habe sie große Überwindung gekostet. Nicht weil sie sich nicht mehr verstünden, sondern weil ihr unangenehm gewesen sei, was sie von ihm verlangte: die gemeinsame Beziehung für ungültig erklären. Es habe sich wie Verrat angefühlt. »Meine Ehe war gescheitert, ja, aber warum sollte ich sie für nichtig befinden? Ich wusste nicht, wie ich ihm das erklären sollte, weil es mir selbst schwerfällt, es so zu sehen.« Sie habe Sorge gehabt, dass er das falsch verstehe. »Wir sind im Guten auseinandergegangen, ohne große gegenseitige Verletzungen. Mein Exmann war 2011 wieder in einer neuen Beziehung und hatte auch eine Tochter bekommen mit seiner zweiten Frau. Da dachte ich dann: Er ist gut geerdet, und vielleicht kann ich ihn doch darum bitten.«

Sie schildert ihm am Telefon die absurde Situation, in der sie sich befindet, die Heimlichkeiten, die Not, die Sorge um Peter Ottens Existenz. »Ich habe ihm gesagt, ich würde ihn nicht fragen, wenn es nicht wichtig wäre.« Elke Rogosky erzählt von ihrem ersten Termin im Kirchengericht, erklärt ihm, dass er vernommen werden würde, dass er verpflichtet sei, die Wahrheit zu sagen, und dass die Fragen unangenehm werden könnten. Am Ende würde dann die gemeinsame Ehe womöglich für ungültig erklärt.

Elke Rogoskys Exmann hat von alldem noch nie etwas gehört. »Er hat mich dann gefragt: ›Ist das für dich dann so, als wäre nie was gewesen, alles ungültig?‹ ›Nein‹, habe ich dann zu ihm gesagt. Mir ist es sogar wichtig, mich von diesem Gedanken innerlich im Prozess zu distanzieren, sonst kann ich das ganze Verfahren nicht machen.« Die sähen es so, aber sie nicht, habe sie ihm versichert. »Am Ende hat er gesagt: Ich bin glücklich, und ich wünsche dir das auch. Wenn das hilft, mache ich das.« Sie sei froh und traurig gewesen. »Es war so, als würde ich ihn noch mal verlassen.«

Nun geht Elke Rogosky das Ganze professionell an, sie nimmt Kontakt zu einem Kirchenrechtler auf. Er hilft ihr, die Klageschrift zu formulieren, schon bald stößt er auf zwei mögliche Klagegründe. Ihre Ehe könnte ungültig sein wegen: »Ausschluss der Hinordnung der Ehe auf Nachkommenschaft aufseiten der Frau« und »Ausschluss der Unauflöslichkeit der Ehe«.

»Ich war damals, als ich heiratete, beruflich sehr ehrgeizig«, erklärt Elke Rogosky. »Mir war klar, dass ich nicht jedes Kind annehmen würde, das ...« Kurz zögert sie und formuliert dann: »... das Gott mir schenken würde. Wir waren uns einig, dass wir verhüten.« »Kinderausschluss«, wirft Peter Otten ein. Elke Rogosky nickt. »Und das Zweite ist, dass ich eben auch nicht an die Unauflöslichkeit der Ehe geglaubt habe bei meiner Eheschließung, weil ich auch Gründe sehe, warum eine Partnerschaft zu Ende gehen kann.« Nein, sie glaube nicht, dass diese Haltung dazu beigetragen habe, dass ihre Ehe kaputtgegangen sei. »Wir waren schlicht nicht die Richtigen füreinander«, sagt Elke Rogosky, »aber das zählt ja in der katholischen Kirche nicht.«

Als Elke Rogosky 1989 mit 22 Jahren kirchlich heiratet, will sie lieber im Job durchstarten als eine Familie gründen. Sollte ihre Ehe unglücklich verlaufen, ist auch eine Trennung für sie nicht ausgeschlossen, sondern konsequent. Kann sie diese Haltung im Verfahren belegen, kann dies ihre katholische Ehe von vornherein ungültig machen.

Peter Otten ergänzt noch einmal den Hintergrund: »Für die katholische Kirche ist aufgrund ihrer Lehre nur der Augenblick entscheidend, die Haltung, mit der man in die Ehe hineingeht. Es geht hier nur darum: Wurde diese Ehe an diesem einen Tag gültig geschlossen oder nicht?« Es interessiere nicht, was danach passiert sei. »Mal grob gesagt: Schlagende Ehemänner und untreue Ehefrauen machen keine Ehe ungültig. Interessant ist nur das Zustandekommen, denn für alles andere, für ein Scheitern, hat die Kirche ja keine Lösung, außer: durchhalten bis zum Tod.« Und noch ein Gedanke sei absurd: »Man beginnt das Verfahren doch in der Regel nur, wenn man den neuen Partner schon gefunden hat. Und erst dann kommt man auf den Gedanken, dass die erste Ehe vielleicht kirchenrechtlich ungültig war?« Elke Rogosky seufzt. »Ich finde, dass das zumindest lebensfremd ist.« Die lange Pause, die entsteht, mündet in einer Frage an Peter Otten. »Weißt du noch, wie sie einen dann bezeichnen?« »Du bist die Klageführerin.« »Nein, wenn man nicht an die Unauflöslichkeit der Ehe –« Sie blättert in den Unterlagen zum Verfahren, die vor ihr auf dem Tisch liegen, sucht nach dem Wort. Peter Otten weiß es auch nicht mehr.

Das Kirchenrecht nennt das, was Elke Rogosky in ihrer Klageschrift angibt, »Partialsimulation«. Elke Rogosky hat womöglich bei ihrer Hochzeit die Ansprüche, die die Kirche an das Jawort stellt, nicht akzeptiert, ein Einverständnis mit den Merkmalen einer katholischen Ehe nur vorgetäuscht. Von nun an wird sie in den kircheninternen Unterlagen als potenzielle »Simulantin« bezeichnet.

»Die Zeugen, die ich gebeten habe, im Verfahren auszusagen, aber auch andere, die etwas von dem Prozess mitbekommen haben, schlagen die Hände vors Gesicht, und teilweise wird man auch gefragt, warum man so doof sei, sich dem zu stellen und zu unterwerfen.« Warum man das überhaupt mitmache. Für Elke Rogosky ist die Antwort klar: »Ich mache das aus Zuneigung zu meinem Lebensgefährten, aus Liebe. Und um seinen Job zu retten.« Und dafür sei man zu sehr vielen Dingen bereit.

Die Gründe, aus denen eine katholisch geschlossene Ehe für ungültig erklärt werden kann, sind im kirchlichen Gesetzbuch, dem *Codex des kanonischen Rechts*, genau aufgelistet. Da diese für den Laien nur schwer zu erfassen sind, bietet fast jede Diözese inzwischen online oder per Handreichung genaue Erläuterungen zu den sogenannten Nichtigkeitsgründen an. Die Flyer, Broschüren und Bücher zum Thema machen keinen Hehl daraus, aus welchen Motiven die Verfahren geführt werden: »Kirchliche Trauung trotz Scheidung? Eheverfahren in der katholischen Kirche« heißt es im Bistum Limburg; oder: »Geschieden? Wieder verheiratet? Mit der Kirche?« im Bistum Münster. Direkt im ersten Satz der Münsteraner Handreichung, erschienen 2012, steht, erstaunlich serviceorientiert: »Dieses Buch ist interessant für Sie, wenn Ihre Ehe gescheitert ist und Sie nicht nur eine staatliche Scheidung wollen.« »… sondern auch eine kirchliche« wäre wohl allerdings keine lautere Fortführung dieses Satzes.

Konkrete Fälle ungültiger Ehen werden in der Folge am Beispiel fiktiver Paare aufgeführt: Johannes und Erika, Joachim und Paula, Karin und Alfred. Vorweg stellt die Broschüre klar: Eine Ehe komme in den Augen der katholischen Kirche nur unter drei Voraussetzungen ungültig zustande: Erstens, wenn einer oder beide Partner körperlich, psychisch oder rechtlich nicht zu einer katholischen Ehe fähig gewesen sei – die sogenannten Mängel in der Ehefähigkeit. Zweitens, wenn einer oder beide Partner die Ehe eigentlich nicht wollten – Mängel im Ehewillen; und drittens, wenn die Ehe formal nicht richtig geschlossen worden sei – Mängel in der Form. Könne eine dieser drei Voraussetzungen vor den kirchlichen Richtern belegt werden, werde die Ehe für nichtig erklärt.

Der erste Punkt sind also die Mängel in der Ehefähigkeit: Wie muss ein Katholik körperlich geschaffen sein, um eine gültige katholische Ehe zu schließen?

Die Broschüre des Bistums Münster beginnt direkt mit der kirchenrechtlichen Vorgabe, derentwegen das katholische Eherecht immer wieder in der Kritik steht, die Vorgabe, über die Kirchenrichterin Giebermann nicht im Detail sprechen wollte: die körperliche Ehefähigkeit, oft pauschal »Impotenz-Paragraf« genannt. Dazu heißt es: »Dass eine Ehe einen Fehler hat, in der sich herausstellt, dass die Partner nicht miteinander geschlechtlich verkehren können, leuchtet unmittelbar ein. Die Ehe soll ja auch der Raum sein, in dem die beiden Menschen ihre Sexualität leben und Eltern werden können.« Das kirchliche Recht verlange deshalb zur Gültigkeit der Ehe, dass die Partner zum Geschlechtsverkehr miteinander fähig seien.

Das Beispielpaar Joachim und Paula soll das Problem verdeutlichen: »Joachim hatte, bevor er Paula kennenlernte, mit mehreren Frauen sexuelle ›Abenteuer‹ gehabt, sodass er nicht an seinen Fähigkeiten zweifelte. Paula hatte von ihm erwartet, dass er mit dem Geschlechtsverkehr bis zur Hochzeit wartet, und er hatte sich dem gefügt. Nach der Heirat erleben beide aber eine Enttäuschung: Joachim spürt in Paulas Armen keine sexuelle Erregung.

Nach langer Suche und Lektüre vieler Ratgeber geht Joachim zum Psychologen, der den Grund findet: Joachim hat eine Frau geheiratet, die ihrem Wesen nach, ja auch äußerlich, frappierend seiner Mutter ähnelt. Der Psychologe sagt, dass ein psychisches Inzestverbot Joachim daran hindert, mit Paula intim zu werden.«

Joachim ist also psychisch nicht in der Lage, mit Paula zu schlafen, er leidet an einer psychischen Impotenz. Kann Joachim das im Kirchenprozess belegen, etwa durch die Aussage von Paula und die Expertise eines vom Kirchengericht beauftragten Psychologen, würde die katholische Kirche seine Ehe für ungültig erklären. Bei physischer Impotenz sieht es genauso aus.

Die zugehörige Norm 1084 im Kirchenrecht lautet: »Die der Ehe vorausgehende und dauernde Unfähigkeit zum Beischlaf, sei sie aufseiten des Mannes oder der Frau, sei sie absolut oder relativ, macht die Ehe aus ihrem Wesen heraus ungültig.«

Noch 2008 hat der Fall eines 25-jährigen Mannes aus Viterbo in Italien für Schlagzeilen gesorgt, der kurz vor seiner kirchlichen Trauung einen schweren Autounfall hatte. Seitdem ist er querschnittsgelähmt und sitzt im Rollstuhl. Der örtliche Bischof Lorenzo Chiarinelli untersagte dem Gemeindepfarrer die Trauung des behinderten Mannes mit Verweis auf den »Impotenz-Paragrafen«. »Kein Bischof, kein Priester kann eine Hochzeit feiern, wenn er weiß, dass eine Impotenz vorliegt«, hatte sein Sprecher auf Nachfragen dazu verkündet. Die Entscheidung sei mit »Aufmerksamkeit und Liebe«, mit »Respekt und Diskretion« getroffen worden.

Der öffentliche Protest war vehement, aber auch aus Fachkreisen, von Kirchenrechtlern, kam Kritik. Die einen sagten, eine Eheschließung dürfe nicht verhindert werden, wenn nicht ausgeschlossen werden könne, dass die Impotenz mit medizinischen Mitteln eines Tages heilbar und eben nicht dauerhaft sei, wie das Kirchengesetz es fordere. Und wer wisse das bei einer Querschnittslähmung schon zweifelsfrei? Man dürfe und solle den Betroffenen allerdings in einem solchen Zweifelsfall um eine medizinische Untersuchung bitten.

Andere stellten sich auf den Standpunkt, dass ein Zweifel in allen Fällen bleibe, in denen nicht ersichtlich sei, dass die äußeren Geschlechtsorgane gänzlich fehlten. Nur ein Mann, der etwa durch einen Unfall seinen Unterleib verloren habe, dürfe tatsächlich nicht kirchlich heiraten.

Weitere Kirchenrechtsexperten fragten sich daraufhin, ob nicht alle organischen Defizite in der heutigen Zeit durch chirurgische Eingriffe oder Prothesen heilbar seien und ob nicht alle funktionellen Störungen inzwischen durch Psychotherapie behoben werden könnten, der Paragraf also längst hinfällig und zu streichen sei. So würde, das schrieb die Regensburger Kirchenrechtsprofessorin Sabine Demel 2013, der Kirche auch der Vorwurf »der Hartherzigkeit gegenüber einer bestimmten Personengruppe erspart bleiben«. Eine konkrete Konsequenz hatte die Diskussion allerdings nicht. Das italienische Paar heiratete nur standesamtlich, der Paragraf steht unverändert im Kirchenrecht.

Eine vorehelich bereits bestehende und dauerhafte »Beischlafsunfähigkeit« macht also eine katholische Ehe ungültig, Unfruchtbarkeit hingegen nicht. Zum Ehebegriff gehört also die grundsätzliche Ausrichtung auf Nachkommenschaft, nicht, dass es tatsächlich Kinder gibt. Sonst müsste die Kirche auch die Ehen älterer Menschen unterbinden.

Nicht nur der eigene Körper, auch die eigene Psyche kann Heiratswilligen die gültige katholische Ehe verwehren. Bei den psychischen Mängeln in der Ehefähigkeit gehe es, so heißt es im nächsten Kapitel der Handreichung des Bistums Münster, um die »ausreichende Reife und ausreichende seelische Stabilität« zum Zeitpunkt der Eheschließung.

Die Liste vorehelicher seelischer Erkrankungen und Störungen, die eine Ehe ungültig machen, ist lang: Schwere Psychosen oder Neurosen sind darunter, Hysterie, Zwangsvorstellungen, tief greifender Mangel an Selbstständigkeit, Narzissmus, Drogen- oder Alkoholabhängigkeit, Spielsucht, auch Homosexualität findet sich unter den psychischen Störungen, ebenso wie die Unfähigkeit zur Treue, Sadismus, Masochismus, Exhibitionismus und viele mehr.

Ein praktisches Beispiel zum Unterpunkt »Unfähigkeit zur Treue/Nymphomanie« liefert im Münsteraner Heft ausgerechnet eine Maria: »Maria weiß genau, dass sie ihrem Mann treu sein müsste, aber sie bringt es nicht fertig. Vor der Ehe ist es ihr gelungen zu verheimlichen, dass sie schon mit vielen Männern flüchtige sexuelle Beziehungen gehabt hatte, und trotz echtem Bemühen gelingt es ihr in der Ehe nicht, nicht doch immer wieder Geschlechtsverkehr mit anderen Partnern zu suchen. Ihr Arzt äußert den

Verdacht, dass sie nymphoman sei. Wenn Maria tatsächlich – das ist durch ein fachliches Gutachten zu klären – schon zur Zeit der Heirat aus psychischen Gründen unfähig war, ihrem Mann die Treue zu halten, ist ihre Ehe ungültig.«

Der nächste wesentliche Aspekt, der zur Ungültigkeit einer katholischen Ehe führt, heißt im Fachjargon »Mängel im Ehewillen«. Das bedeutet: Ausschlaggebend für die Gültigkeit der Ehe ist nicht, was die Brautleute vor dem Priester gesagt, sondern was sie innerlich gewollt haben. Zur Verdeutlichung führt die Münsteraner Handreichung aus: »Kein Bräutigam wird bei der Trauung auf die Frage, ob er seiner Braut die Treue halten wolle, mit ›Nein‹ antworten. Dennoch kann es sein, dass er nicht treu sein will!« Auf dieses Wollen komme es aber für die Gültigkeit einer Ehe an. Die wichtigsten Mängel im Wollen sind:

Punkt 1: Totalsimulation. Sie liegt vor, wenn der Wille zur Ehe insgesamt nicht da war, Scheinehe könnte man das nennen. Konkrete Beispiele sind: Heiratsschwindel, Hochzeit aus Vermögensinteressen, der Wunsch nach einer Aufenthaltserlaubnis. Denkbar sei aber auch, »dass sich ein Mann dem Verdacht, er sei homosexuell, dadurch entziehen will, dass er eine Frau heiratet«.

Punkt 2: Wenn zwei Menschen heiraten wollen, aber eine wichtige Wesenseigenschaft der katholischen Ehe ausgeschlossen wurde, dann spricht man von Partialsimulation wie in Elke Rogoskys Fall. Wer die lebenslange Bindung nicht akzeptiert, wer sich vorbehält, nach einer Scheidung wieder zu heiraten, etwa dann, wenn die Ehe unglücklich verläuft, geht keine gültige

Ehe ein. Ein Ehevertrag etwa, in dem Regelungen für den Fall einer zivilen Ehescheidung vereinbart worden sind, kann ein Indiz dafür sein. Ebenso wird keine gültige Ehe geschlossen, wenn ein oder beide Partner keine Kinder möchten. Sie haben keine Gestaltungsfreiheit in Bezug auf ihren kirchlichen Ehevertrag. Wenn die Verpflichtung zur Ausübung des zeugungsgeeigneten Geschlechtsverkehrs nicht übernommen wird, kommt keine gültige Ehe zustande. Künstliche Verhütung ist mindestens ein Indiz. Allerdings bedeutet ein zeitweiliger Ausschluss von Nachkommen etwa durch Enthaltsamkeit noch nicht gleich die Ungültigkeit der Ehe. Es wird dabei zwischen berechtigten und nicht berechtigten Gründen unterschieden. Sie sind von Papst Paul VI. in der bis heute gültigen Enzyklika *Humanae Vitae, Über die rechte Ordnung der Weitergabe menschlichen Lebens,* von 1968 aufgezeigt worden. Er schreibt, die Ehepartner seien verpflichtet, ihr Verhalten auf den göttlichen Schöpfungsplan auszurichten, der auch im Wesen der Ehe selbst und ihrer Akte zum Ausdruck komme. Dabei sei aber auch der Begriff der »verantworteten Elternschaft« von Bedeutung. Berechtigte Gründe, Kinder auszuschließen, sind etwa der Aufschub der Zeugung weiterer Nachkommen durch temporäre Enthaltsamkeit nach kluger Abwägung der gesundheitlichen, finanziellen und sozialen Situation. Unberechtigte Gründe wären zum Beispiel die Angst um die Figur, der Wunsch nach Ungebundensein, Reisen, Ruhe, Vorrang beruflicher, finanzieller oder sportlicher Interessen.

Punkt 3 ist die erzwungene Eheschließung. Ungültig

ist jede Ehe, die aufgrund physischer Gewalt oder psychischer Unfreiheit geschlossen wurde. Eine besondere Form ist der sogenannte Ehrfurchtszwang. Er liegt dann vor, wenn etwa die Eltern ihren Sohn oder ihre Tochter durch ständiges Bitten oder Drängen oder durch harte Worte, sprich durch Furcht, so weit bringen, dass sie die Ehe eingehen. Auch dann ist der Wille zur Ehe nicht da, man hat nicht frei entschieden und somit die Beziehung ungültig geschlossen.

Punkt 4 ist die arglistige Täuschung. Will man seinen Partner dadurch zur Heirat bewegen, dass man ihn über eine Eigenschaft täuscht, die das Eheleben in den Augen der Kirche schwer stören kann, ist die Ehe ungültig. Zum Beispiel, wenn man seinem Partner verschwiegen hat, dass man keine Kinder bekommen kann.

Punkt 5 ist die sogenannte Bedingung. Knüpft man den Willen zur Ehe an einen Umstand, der in der Zukunft liegt, macht das die Ehe ungültig. Denkbar ist, dass man nur heiratet unter der Bedingung, dass der andere sein Medizinexamen besteht oder eine Erbschaft erhält.

Der sechste und letzte Punkt ist der Irrtum, auch hierfür hält die Münsteraner Handreichung eine Fallgeschichte parat: »Lars hat vom kirchlichen Denken und Handeln nicht viel mitbekommen. In seiner Familie hat niemand daran Anstoß genommen, dass nach dem Scheitern von Ehen im Verwandtenkreis neue Partnerschaften und (zivile) Ehen eingegangen wurden. Die Belehrungen über das kirchliche Eheverständnis im Brautexamen hat Lars als Beschreibung eines vielleicht erstrebenswerten Ideals aufgefasst, nicht aber als Information über das, worauf er sich ernsthaft einlassen muss. Dass er nach dem Scheitern seiner eigenen Ehe nicht einfach wieder kirchlich heiraten kann, erstaunt ihn, war ihm doch die Scheidbarkeit seiner Ehe geradezu selbstverständlich gewesen. Lars' Erfahrungen und Vorstellungen können von so prägender Kraft gewesen sein, dass sein Ehewille unzureichend war.« Die Ehe wäre ungültig geschlossen worden.

Dass zu den meisten dieser Klagegründe alljährlich in Deutschland Prozesse geführt werden, lässt sich aus den veröffentlichten Statistiken ersehen. Auf seinen Internetseiten listet das größte deutsche Offizialat in Köln die im Jahr 2015 geführten Prozesse getrennt nach Klagegründen auf. Dort wurden 36 Prozent der Ehen wegen der Eheschließungsunfähigkeit der Eheleute für nichtig erklärt. 19 Prozent, weil die Partner zu Beginn nicht von der Unauflöslichkeit der Ehe überzeugt waren. 15 Prozent waren nicht in der Lage, eine katholische Ehe zu führen, zwölf Prozent wollten keine Kinder haben, sechs Prozent haben ewige Treue ausgeschlossen, jeweils drei Prozent haben aus Zwang und Furcht geheiratet oder wurden arglistig getäuscht. Zwei Prozent: Totalsimulation. Ein Prozent: Irrtum.

Wieso entscheiden sich Menschen heutzutage für einen solchen Prozess? Sicherlich gibt es Katholiken, die dies aus rein religiösen, rein moralischen Gründen tun, die echte Gewissensnot haben und die im Gewissen frei sein möchten für eine zweite kirchliche Ehe. Es bleibt allerdings die Vermutung, dass es in Deutschland inzwischen noch ein anderes drängendes Motiv gibt, das aufwendige Verfahren anzugehen: die Auflagen des besonderen kirchlichen Arbeitsrechts. Auf einem Sportplatz in der Nähe von Bonn finden sich dafür weitere Belege.

6.

Kirchlich verheiratete Sportlehrerin gesucht

Das besondere kirchliche Arbeitsrecht

»Nicht so müde! Auf geht's!« Die Sportlehrerin Barbara Menzel krempelt ein Hosenbein bis unters Knie hoch, damit sie ihren Schülern besser zeigen kann, was beim Laufen mit den Fußgelenken passiert oder besser: passieren soll. Sie ist eine von denen, die gern selbst mitmachen und nicht nur vom Rand pfeifen. Immer braun gebrannt, immer aktiv: Sie joggt, schwimmt, wurde mit der Frauen-Nationalmannschaft kürzlich Basketball-Weltmeisterin ihrer Altersgruppe.

Barbara Menzel mag ihre Arbeit, aber eins würde sie doch gern ändern: Sie wünscht sich mehr Sicherheit in ihrem Job, denn bislang hat sie nur eine befristete Stelle an einem städtischen Gymnasium. Vor einiger Zeit hatte sie sich deshalb an einer katholischen Schule in der Umgebung beworben. »Ich war selbst Schülerin dort, ich habe mich da immer wohlgefühlt, deshalb wollte ich gern dahin zurück.« Barbara Menzel gibt ihren Schülern noch eine letzte Anweisung für den bevorstehenden Dauerlauf, dann beginnt sie, ausführlich zu erzählen.

Sie sei zum Vorstellungsgespräch eingeladen worden und habe ein gutes Gefühl gehabt. »Am Ende ging es allerdings um meine Familienverhältnisse. Der Schulleiter guckte mich betroffen an und sagte, dass es natürlich ein Problem sei, wenn ich einen geschiedenen, alleinerziehenden Mann geheiratet hätte.« Barbara Menzel schmunzelt. Sonst habe sie eigentlich immer Wohlwollen gespürt, wenn sie davon erzählt habe. Der Sohn ihres Mannes sei damals noch jung gewesen, und sie habe ihn mit großgezogen, später seien dann die gemeinsamen Töchter nachgekommen. »Auf der katholischen Schule sagte man mir dann, dass sie ein klares Bild von der Ehe hätten und dass ich mit dieser Lebenssituation schlechte Chancen auf eine Anstellung hätte.« Die Lösung für das Problem präsentiert die Schulleitung allerdings auch: das Kirchengerichtsverfahren. Wenn ihr Mann seine erste Ehe für ungültig erklären ließe und sie beide dann kirchlich heirateten, wäre alles gut.

Seiner Frau zuliebe beginnt Manfred Menzel 2011 einen Kirchengerichtsprozess. Sein Klagegrund nach eingehender Beratung im Offizialat: Ehe unter »Furcht und Zwang im Sinne des Ehrfurchtszwanges«. Fast drei Jahre wird sein Verfahren dauern. Am Ende wird Barbara Menzel nicht mehr für die katholische Kirche arbeiten wollen.

Die beiden christlichen Kirchen sind der größte Arbeitgeber des Landes nach dem Staat. Im sozialen Bereich beherrschen sie den Markt, auf dem Land haben sie sogar oft das Monopol. Das betrifft vor allem die Kinderbetreuung, die Krankenpflege, die Weiterbildung, Caritas, Diakonie, Tausende Schulen.

Das war nicht immer so: Noch 1950 hatten die Kirchen nur 140 000 Mitarbeiter, und 65 Prozent davon waren Ordensangehörige. Heute sind es dank des Ausbaus des Sozialstaats 1,3 Millionen Menschen, die für die beiden großen Kirchen arbeiten, und der Anteil an Ordensschwestern und -brüdern liegt bei unter einem Prozent. Doch auch die anderen 99 Prozent der Mitarbeiter betrifft das besondere kirchliche Arbeitsrecht, das sich erheblich von dem aller anderen Arbeitnehmer in Deutschland unterscheidet. Es ist ein weltweites Unikat und überhaupt nur möglich, weil den Religionsgemeinschaften ein sehr großer Autonomiebereich zur eigenen Rechtsetzung gegeben wird.

Die katholische Kirche versteht sich und ihre 700 000 Arbeitnehmer als sogenannte Dienstgemeinschaft. Sie geht davon aus, dass alle, die Teil dieser Gemeinschaft sind, das gleiche Anliegen haben, im Auftrag Gottes arbeiten und deshalb mit Konflikten eher nicht zu rechnen ist. Wenn es sie dennoch gibt, sollen diese ohne Druck von außen innerhalb der Gemeinschaft beigelegt werden. Aus diesem Grund halten sowohl die katholische wie auch die evangelische Kirche ein Streikrecht ihrer Arbeitnehmer für unangebracht. Statt eines Betriebsrates gibt es lediglich Mitarbeitervertretungen. Die Löhne regeln die Mitarbeiter in Gremien, die zu gleichen Teilen aus den Reihen der Arbeitgeber und Arbeitnehmer besetzt sind.

Erst seit August 2015 haben Gewerkschaften überhaupt Zutritt zu kirchlichen Einrichtungen, sie sollen seitdem in den arbeitsrechtlichen Kommissionen mitwirken. Möglich war diese Änderung erst durch ein Urteil des Bundesarbeitsgerichts von 2012, das auch das generelle Streikverbot in kirchlichen Einrichtungen ein wenig gelockert hat.

Rechtlich sind die schwächeren Mitbestimmungsrechte nur möglich, weil das Betriebsverfassungsgesetz für die Kirchen und ihre Einrichtungen nicht gilt. Die Ausnahmeregelung findet sich in Paragraf 118 Absatz 2, dort heißt es: »Dieses Gesetz findet keine Anwendung auf Religionsgemeinschaften und ihre karitativen und erzieherischen Einrichtungen unbeschadet deren Rechtsform.« Zwar gilt das Gesetz auch für andere sogenannte Tendenzbetriebe wie Parteien oder Interessenverbände nur eingeschränkt, da sich die Mitarbeiter dort verpflichten, hinter der Linie ihres Arbeitgebers zu stehen, der ein bestimmtes Ansinnen verfolgt. Aber nur bei den Religionsgemeinschaften finden die Regelungen überhaupt keine Anwendung. Das bedeutet: Der Staat hat keinen Einfluss darauf, wie die Kirchen die Mitbestimmungsrechte ihrer Mitarbeiter regeln. Dass dies so sein soll, wurde erst 1952 unter Konrad Adenauer beschlossen. Im Betriebsrätegesetz der Weimarer Republik gab es diese Einschränkung nicht.

Ein weiteres Gesetz, das für die Kirchen Ausnahmen macht, ist das Allgemeine Gleichbehandlungsgesetz, das Arbeitnehmer in Deutschland vor Diskriminierung schützen soll. In Paragraf 9 Absatz 2 heißt es, dass Religionsgemeinschaften »die sich die gemeinschaftliche Pflege einer Religion oder Weltanschauung zur Aufgabe machen«, das Recht haben, »von ihren Beschäftigten ein loyales und aufrichtiges Verhalten im Sinne ihres jeweiligen Selbstverständnisses verlangen zu können«. Diese Ausnahme gibt den Kirchen zum einen die Möglichkeit, als

Arbeitgeber die Religion ihrer Mitarbeiter zum Einstellungskriterium zu machen. Zum anderen ist dadurch legitimiert, dass auch das Verhalten der Arbeitnehmer außerhalb des Dienstes in einer kirchlichen Einrichtung zum Loyalitätsverstoß erklärt werden kann.

Natürlich ist es nicht ungewöhnlich, dass ein Arbeitgeber von seinen Beschäftigten eine gewisse Loyalität erwartet. Aber besonders bei der katholischen Kirche betreffen die Verpflichtungen, denen die Mitarbeiter mit ihrem Arbeitsvertrag zustimmen, auch die persönliche Lebensführung. Sie reichen damit weit ins Privatleben.

Jeder Angestellte nimmt mit der Unterschrift unter seinen Arbeitsvertrag zur Kenntnis, dass sich die Einrichtung, in der er arbeitet, als Teil der Kirche begreift und ihrem »Sendungsauftrag« dient. Dass er als katholischer Mitarbeiter die Grundsätze der katholischen Glaubens- und Sittenlehre anerkennt und beachtet, um die Glaubwürdigkeit der Kirche nicht zu gefährden. Auch nicht katholische Mitarbeiter verpflichten sich, ihre Aufgaben im Sinne der Kirche zu erfüllen.

Nur so ist es möglich, dass von der katholischen Kirche als unsittlich bewertete Umstände im Privatleben kirchlicher Mitarbeiter zur Kündigung führen können. Seine Arbeit kann zum Beispiel verlieren, wer nach seiner ersten Ehe zu einem neuen Lebenspartner zieht. Auch die zivile Wiederheirat nach einer Scheidung kann ein Kündigungsgrund sein. Ebenso verstößt es gegen die katholischen Beschäftigungsgrundlagen, wenn ein Mitarbeiter, wie Peter Otten oder Barbara Menzel, mit jemandem zusammenlebt, der geschieden ist. 2013 verlor ein Sonderpädagoge seinen Job in einer Caritas-Einrichtung, weil er wegen der zahlreichen Missbrauchsfälle aus der Kirche ausgetreten war. Weitere mögliche Kündigungsgründe sind etwa: eine homosexuelle Lebenspartnerschaft, offene und positive Äußerungen zum Thema Homosexualität und Abtreibung oder negative Äußerungen über den Papst, ein nachgewiesener Schwangerschaftsabbruch, eine künstliche Befruchtung, auch vom eigenen Ehemann.

In Fällen wie diesen argumentiert die katholische Kirche, dass die Mitarbeiter ihrer Einrichtungen das Wertesystem und die Moral der Kirche vermitteln und vorleben sollen, anstatt mit ihrem Verhalten der christlichen Glaubenslehre zu widersprechen und so die Glaubwürdigkeit ihres Arbeitgebers infrage zu stellen. Als mögliche Folge droht die Kündigung.

Natürlich wird niemand gezwungen, für die Kirchen zu arbeiten. Allerdings ist es durch Monopolstrukturen in einigen Regionen durchaus schwierig, überhaupt einen nicht kirchlichen Arbeitgeber im sozialen Bereich zu finden, etwa in Rheinland-Pfalz, in der Moselregion, wo es fast ausschließlich katholische Krankenhäuser gibt. Oder in Nordrhein-Westfalen, wo die Hälfte aller Kindergärten christlich ist und ein Drittel aller Grundschulen. Sowohl bei Kindergärten als auch bei Krankenhäusern sind die Kirchen deutschlandweit die größte Trägergruppe, noch vor kommunalen oder privaten Häusern.

Die Frage, ob beim Thema Jobverlust alle 700 000 Angestellten der katholischen Kirche gleich zu behandeln sind oder ob man zwischen der Leiterin eines katholischen Kindergartens, die sehr nah am sogenannten

Verkündigungsauftrag der Kirche steht und somit eine Vorbildfunktion ausfüllt, und der Küchenhilfe im kirchlichen Altenheim oder dem Waldarbeiter einer Pfarrei einen Unterschied macht, wurde innerhalb der Kirche zuletzt 2015 ausführlich diskutiert.

In dem Jahr haben die deutschen Bischöfe die sogenannte *Grundordnung des kirchlichen Dienstes im Rahmen kirchlicher Arbeitsverhältnisse* überarbeitet. Der Anlass, so heißt es in der offiziellen Pressemitteilung der Deutschen Bischofskonferenz, seien »Veränderungen in der Rechtsprechung, Gesetzgebung und Gesellschaft« gewesen. Was war passiert?

Zum einen hatte es 2012 und 2013 eine breite öffentliche Diskussion über den Fall der Kindergartenleiterin Bernadette Knecht aus Königswinter gegeben. Der örtliche Pfarrer hatte sie entlassen, weil sie sich scheiden ließ und eine neue Beziehung einging. Der Geistliche bezeichnete das damals als »schädliches Ärgernis« in der Gemeinde.

In der Folge protestierten die Eltern der Kindergartenkinder. Sie sahen nicht ein, dass eine beliebte und kompetente Kindergartenleiterin gehen muss, nur weil sie ihr Privatleben nicht so führt, wie ihr Arbeitgeber es sich wünscht. Es sei ein Unding, sagten die jungen Katholiken, Menschen heutzutage noch über ihren Arbeitsvertrag moralisch zu binden. In diesem Fall hatte der geschlossene Widerstand der katholischen Elternschaft gegen die Kündigung ein konkretes Ergebnis: Er führte dazu, dass die Kommune der Kirche die Trägerschaft dieser Einrichtung entzog. Die Tatsache, dass der Kindergarten, wie viele andere kirchliche Sozialeinrichtungen inzwischen, zu

100 Prozent aus öffentlichen Geldern und nicht mehr von der Kirche finanziert wurde, hatte zur Empörung beigetragen.

Zum anderen gab es in den vergangenen Jahren einige bemerkenswerte Entscheidungen der staatlichen Gerichte. 2012 hatte das Bundesarbeitsgericht die bessere Einbeziehung der Gewerkschaften angemahnt und eine Lockerung des kirchlichen Streikverbots verfügt. Im selben Jahr sprach der Europäische Gerichtshof für Menschenrechte einem Essener Kirchenmusiker eine Entschädigung von 40 000 Euro zu, dem gekündigt worden war, weil er eine zweite Beziehung eingegangen war. Zwar akzeptierten die Richter in Straßburg grundsätzlich das deutsche Selbstbestimmungsrecht der Religionsgemeinschaften, aber sie brachten bei diesem Einzelfall noch ein anderes Argument ins Spiel. Sie verwiesen darauf, dass ein Organist auf dem Arbeitsmarkt nur schwer vermittelbar sei und dass die Kirche ehebrüchigen Mitarbeitern somit nicht in jedem Fall kündigen dürfe, es gehe immer auch um eine Abwägung mit den Interessen des Beschäftigten.

Besondere Beachtung fand auch im Jahr zuvor, 2011, der Gerichtsprozess eines Chefarztes eines katholischen Krankenhauses in Düsseldorf. Der Mediziner und seine Ehefrau hatten sich 2005 getrennt. Dann lernte er seine neue Partnerin kennen, mit der er zusammenzog. Als er sie dann 2008 standesamtlich heiratete, kam im Jahr darauf die Kündigung. Der Düsseldorfer Arzt klagte durch drei Instanzen und bekam vor dem Bundesarbeitsgericht recht. Die Richter stellten fest, dass die katholische Klinik bereits seit mehreren Jahren wusste, dass das Paar zusammenwohnte, ohne dass sie dienstrechtlich etwas unternommen hätte. Es sei daher unverhältnismäßig, ihm erst wegen der erneuten Heirat zu kündigen, begründeten die Richter ihr Urteil vom 8. September 2011. Außerdem hatte das Krankenhaus mit katholischen und evangelischen Mitarbeitern die gleichen Arbeitsverträge geschlossen, evangelischen Mitarbeitern bei Wiederheirat aber nicht gekündigt. Der Chefarzt durfte bleiben, vorerst, denn das katholische Krankenhaus legte daraufhin Verfassungsbeschwerde ein – und bekam recht. Im Herbst 2014 hoben die Verfassungsrichter das Urteil auf. Es verletze die katholische Kirche in ihren verfassungsrechtlich garantierten Sonderrechten, hieß es. Das Bundesarbeitsgericht habe die »Bedeutung und Tragweite des kirchlichen Selbstbestimmungsrechts« nicht genügend beachtet, sagte man in Karlsruhe. Man verwies den Fall zurück, das Bundesarbeitsgericht hat ihn Ende Juli 2016 den Richtern des Europäischen Gerichtshofs vorgelegt, sie sollen entscheiden, ob europäisches Recht es zulässt, dass ein kirchlicher Arbeitgeber Unterschiede zwischen evangelischen und katholischen Mitarbeitern macht, oder ob das den Gleichbehandlungsgrundsatz verletzt.

Professor Georg Bier leitet an der Universität Freiburg den Arbeitsbereich katholisches Kirchenrecht und kirchliche Rechtsgeschichte. Er hat sowohl die Überarbeitung des Arbeitsrechts als auch die Entwicklung in den Jahren zuvor genau beobachtet und immer wieder beschrieben. Spannend findet er vor allem den vorsichtigen Wandel in den staatlichen Gerichtsentscheidungen, die die katholische Kirche betreffen. Das eigentlich Interessante sei, dass es den Gerichten oftmals gar nicht darum gehe, das kirchliche Arbeitsrecht grundsätzlich infrage zu stellen, sondern darum, ob die Kirche ihre eigenen Normen überhaupt konsequent anwende.

Der geschiedene Chefarzt etwa wurde erst entlassen, als er erneut heiratete. Die Kirche wusste über Jahre von der neuen Beziehung, und trotzdem hatte dies für den Arzt keine arbeitsrechtlichen Folgen. »Es sah also so aus, als hätte die Kirche die Entlassung über Jahre in der Schublade gehabt und erst dann gekündigt, als die Beziehung offensichtlich wurde«, erläutert Georg Bier. Das Bundesarbeitsgericht habe 2012 kritisiert, dass dadurch auch offensichtlich werde, dass die Kirche nicht mit allen Mitarbeitern gleich verfahre. »Wenn die Kirchen in einem Fall sehr streng mit Kündigung reagieren und in einem anderen Fall nicht, weil etwa ein Pfarrer liberaler eingestellt ist, verwirken sie nach dieser Auffassung ihren Anspruch auf die eigenständige Regelung ihrer Arbeitsverhältnisse, die ihnen von Rechts wegen zusteht.« Flexibilität im Einzelfall heiße: keine Rechtssicherheit für den Arbeitnehmer.

Das Bundesverfassungsgericht habe hingegen 2014 der Kirche zum Teil recht gegeben, so Georg Bier, indem es feststellte, dass ein staatliches Gericht – wegen der in der Verfassung verankerten weltanschaulichen Neutralität – nicht das Recht habe, die Begründung von Einzelfallentscheidungen der Kirche im Detail zu überprüfen. »Es müsste sich dazu auch auf inhaltliche, religiöse Fragen einlassen, aber genau das ist ihm durch die Verfassung verwehrt.« Selbstverständlich wende sich auch das Bundesverfassungsgericht gegen Willkür und Inkonsequenz.

»Aber es überlässt eben der Kirche das Letzt-Urteil darüber, ob sie als Arbeitgeber die notwendige Konsequenz an den Tag legt. Die Kirche darf den Einzelfall nach ihren Maßstäben würdigen.« Einige deutsche Bischöfe hätten das Urteil so interpretiert, dass sich das Blatt für die Kirche wieder wende.

Während diese Diskussion also noch im vollen Gange ist, sehen sich die deutschen Bischöfe im Frühjahr 2015 veranlasst zu handeln. Denn längst haben die kirchlichen Arbeitgeber ein weiteres drängendes Problem: den Fachkräftemangel. Auf der Suche nach geeigneten Erziehern, Ärzten und Altenpflegern in katholischen Einrichtungen fällt es zunehmend schwerer, fachlich sehr gut qualifizierte Bewerber zu finden, die außerdem auch noch den kirchlichen Anforderungen entsprechen. Ob eine Krankenschwester katholisch und nicht wieder verheiratet ist, kümmert einen Patienten vermutlich wenig, wichtiger ist ihre Qualifikation und Kompetenz. Und so beklagen sich auch die Träger sozialer Einrichtungen zunehmend bei den kirchlichen Autoritäten, dass die Personalqualität nicht unter den strengen Vorgaben für das Privatleben leiden dürfe.

Der Freiburger Kirchenrechtler Georg Bier beschreibt den Konflikt der Bischöfe 2015 so: Das sinkende Verständnis in der Bevölkerung sei spürbar gewesen. Außerdem habe es, auch seitens der Gerichte, immer wieder Kritik an der Inkonsequenz des eigenen Arbeitsrechts, der fehlenden Rechtssicherheit für Arbeitnehmer gegeben. Man habe zudem aufgrund des Fachkräftemangels selbst mehr Spielraum bei den Einstellungen gebraucht. »Gleichzeitig war aber auch offensichtlich, dass die deutschen Bischöfe nicht im Alleingang von den religiösen Grundsätzen der katholischen Weltkirche abweichen konnten.« Es habe schließlich, so erklärt es Professor Bier, nur drei Optionen gegeben: erstens das kirchliche Arbeitsrecht streng und konsequent anwenden und darüber im Zweifel Mitarbeiter und Einrichtungen verlieren, zweitens das Arbeitsrecht nicht mehr anwenden und, in diese Richtung habe es Vorschläge gegeben, die katholischen Einrichtungen nach christlichen Grundwerten zu führen, ohne die Mitarbeiter über ihren Arbeitsvertrag moralisch zu binden, oder eben drittens: einen Kompromiss.

Die Bekanntgabe der Änderungen war im Sommer 2015 mit einiger Spannung erwartet worden. In einem erläuternden Artikel schrieb sodann der verantwortliche Sekretär der Deutschen Bischofskonferenz, Hans Langendörfer: Grundsätzlich könne es selbstverständlich keine Veränderungen geben. »Der Grundsatz der Unauflöslichkeit der Ehe steht nicht zur Disposition.« Kirchenrechtlich ungültige Eheschließungen wie die zweite Ehe oder »das Eingehen von eingetragenen Lebenspartnerschaften sind mit der katholischen Sittenlehre nicht vereinbar. Sie bleiben weiterhin Loyalitätsverstöße.« Aber: »Die geltende Rechtslage suggeriert bisweilen eine Rigidität, die seit Jahren nicht der Praxis entspricht.« Man wolle in Zukunft »bestimmte Verhaltensweisen im privaten Lebensbereich arbeitsrechtlich differenzierter betrachten«. Die Neuerung: Die arbeitsrechtliche Ahndung dieser Verfehlungen soll in Zukunft auf gravierende Fälle beschränkt werden. Der Kompromiss also.

Konkret bedeutet das: Für alle Mitarbeiter, die im engeren Kreis der Kirche arbeiten, pastoral, erzieherisch oder leitend, wie etwa Peter Otten als Referent oder Bernadette Knecht als Leiterin eines katholischen Kindergartens, bleibt auch nach der Änderung alles beim Alten.

Hans Langendörfer schreibt dazu: »Die private Lebensführung dieser Mitarbeiter lässt sich vom beruflichen Auftrag kaum trennen oder einer isolierten Privatsphäre zuweisen. Sie werden aufgrund ihrer beruflichen Aufgaben bzw. des Charakters der Einrichtung, in der sie tätig sind, besonders eng mit der Kirche und ihrem Sendungsauftrag identifiziert. Hier wiegen Pflichtverstöße besonders schwer, eine Weiterbeschäftigung wird nur in Ausnahmefällen infrage kommen.«

Bei den anderen Beschäftigten der katholischen Kirche, die von ihrer beruflichen Aufgabenstellung her nicht als »Garanten für die kirchliche Lehre von Ehe und Familie fungieren«, etwa Krankenschwestern, Altenpfleger oder Verwaltungskräfte, liege künftig ein schwerwiegender Loyalitätsverstoß dann vor, wenn ihre Haltung »objektiv geeignet ist, ein erhebliches Ärgernis in der Dienstgemeinschaft oder im beruflichen Wirkungskreis zu erregen und die Glaubwürdigkeit der Kirche zu beeinträchtigen«. Erklärend fügt er hinzu: Ließe es die Kirche ausnahmslos zu, dass ihre Arbeitnehmer gegen tragende Positionen der kirchlichen Sittenlehre verstoßen, liefe sie Gefahr, dass in der Öffentlichkeit der Eindruck entstünde, die Kirche selbst messe ihren Wertvorstellungen keine große Bedeutung bei.

Dass sich die deutschen Bischöfe bereits mit dieser sanften Veränderung schwergetan haben, geht ebenfalls aus Hans Langendörfers Artikel hervor. An dessen Ende heißt es, die Entscheidung sei nicht einstimmig gefallen, man habe nun eine fünfjährige Evaluierungsphase beschlossen, um gegebenenfalls nachzujustieren. Die Bischöfe hätten sich vorgenommen, »im Arbeitsrecht künftig noch stärker von der Kirche und ihren Institutionen her zu denken als vorrangig von der Lebensführung der Mitarbeiterschaft«.

Professor Georg Bier hat eine klare Meinung zu dieser Novelle: Seiner Ansicht nach bringt sie für die Mitarbeiter im kirchlichen Dienst keine greifbaren Verbesserungen. »Die Entscheidungen ihres Arbeitgebers bleiben für sie weiterhin unkalkulierbar.« Allein der Dienstgeber entscheide, ob etwa die homosexuelle Partnerschaft oder die Wiederheirat nach Scheidung im Einzelfall als »schwerwiegender Loyalitätsverstoß« angesehen werde und zur Kündigung führe. »Die rechtlichen Kriterien lassen viel Raum für Interpretationen. Im Grunde«, sagt Professor Bier, »hat die Kirche ihren Handlungsspielraum sogar noch erweitert.« Die Rechtsposition ihrer Mitarbeiter habe sie in keinem Fall gestärkt. Die zahlreichen Faktoren, die in eine Einzelfallabwägung einfließen sollen, würden einem geschickt argumentierenden Dienstgeber die Möglichkeit geben, selbst in vermeintlich gleich gelagerten Fällen unterschiedliche Konsequenzen zu rechtfertigen.

Was das in der Praxis bedeuten kann, von welchen sachfremden Details der Arbeitgeber Kirche seine Entscheidungen abhängig machen kann, zeigte schon der Fall der Kindergartenleiterin Bernadette Knecht. Im Zuge der Elternproteste kam heraus, dass der Pfarrer seiner Mitarbeiterin, bevor er ihr die Kündigung aussprach, ein besonderes Angebot gemacht hatte, das er die »menschliche«, die »pastorale Lösung« nannte. Er hatte ihr vorgeschlagen, statt im örtlichen katholischen Kindergarten doch in einem anderen katholischen Kindergarten der Region als Leiterin zu arbeiten. Eine Stelle war auch schon gefunden: in Bonn, auf der anderen Rheinseite, zehn Kilometer entfernt und doch weit genug weg. »Solange wir davon ausgehen können«, erklärte der Pfarrer damals dazu, »dass die Leute am neuen Arbeitsort über diese Lebensverhältnisse nichts wissen, ist die Gefahr des Ärgernisses vermieden.« Das Wichtigste sei für ihn, dass eine Kindergartenleiterin ein gutes Vorbild für ihre Umgebung abgebe. Wenn die Eltern in Bonn nichts von Bernadette Knechts Beziehung wüssten, sei es auch kein Problem, dass sie dort arbeite. Natürlich gehe es auch um die Sache an sich. »Aber wegen des Zeugnischarakters der Ehe ist es schon ein sehr wichtiger und gravierender Aspekt, ob die Leute das Ganze mitbekommen oder nicht«, hatte der Pfarrer argumentiert. Die Stelle innerhalb der Kirche wäre so gerettet. Der Druck, trotzdem wegen seiner privaten Lebenssituation jederzeit entlassen werden zu können, bliebe allerdings.

»Wer für die Kirche arbeitet«, fasst Professor Georg Bier zusammen, »und wieder heiraten oder eine Lebenspartnerschaft eintragen oder mit einem geschiedenen Partner zusammenziehen möchte, sollte das meiner Meinung lieber lassen. Der Einzelne kann jetzt vielleicht auf größere Milde des Arbeitgebers hoffen, darauf verlassen kann er sich nicht. Vor diesem Hintergrund hätte es einer Überarbeitung der Grundordnung nicht bedurft. Sie ist, meiner Meinung nach, vor allem Symbolpolitik.«

Und so stehen die Mitarbeiter der katholischen Kirche weiter vor demselben Dilemma: Passe ich mein Privatleben den Anforderungen an, die das kirchliche Arbeitsrecht an mich stellt? Verzichte ich auf eine Anstellung? Hoffe ich auf die Milde meines Vorgesetzten, in dem Wissen, dass eine Kündigung jederzeit möglich ist?

Oder entscheide ich mich, wenn ich eine neue Beziehung eingehen will, für ein Ehenichtigkeitsverfahren als einzige, rechtlich eindeutige Chance, die eigene Lebenssituation so zu klären, dass eine Anstellung innerhalb der Kirche auch weiterhin möglich ist?

Für diesen letzten Weg hat sich Elke Rogosky entschieden – auch um Peter Ottens Job zu retten. Manfred Menzel hat das ebenfalls getan, für die Lehrerstelle seiner Frau. Und ganz offensichtlich sind diese beiden Paare nicht die einzigen.

7.

»Wenn die dich dann einstellen, machen wir das …«

Ein Prozess für den Job

Aus welchem Grund der Kunsthändler Manfred Menzel am 2. Mai 2013 zur Vernehmung vor dem Kirchengericht erscheint, warum er diesen Prozess führt, wissen die Kirchengerichtsmitarbeiter. Er hat es im ersten Beratungsgespräch erwähnt. Im folgenden Prozess selbst ist dieser Umstand allerdings völlig unerheblich, dort wird es nur um Manfred Menzels erste Eheschließung gehen, niemand wird nach seiner zweiten Frau fragen, die Jobnot der Sportlehrerin Barbara Menzel wird nirgendwo vermerkt werden, und so gibt es über die Gründe, derentwegen die Menschen ihre Verfahren vor den deutschen Kirchengerichten beginnen, keinerlei valide Informationen, keine offiziellen Erhebungen. Dass es diese gar nicht geben kann, zeigen auch Fälle wie der von Elke Rogosky und Peter Otten. Denn dass Elke Rogosky ihr Verfahren in Wahrheit nur für den Erhalt der Stelle eines kirchlichen Mitarbeiters führt, hat sie vor Gericht nicht erwähnt. Peter Otten taucht in dem gesamten Verfahren nicht auf. Sie habe Sorge gehabt, dass die Richter dann voreingenommen seien, sagt sie dazu.

Wie lässt sich der Zusammenhang zwischen dem besonderen Arbeitsrecht und den Verfahren also belegen? Auf welche Weise die Vermutung bestätigen, dass so mancher Kläger sein Eheverfahren nicht ganz freiwillig, sondern aus beruflicher Not, im schlimmsten Fall aus Existenzangst führt? Es lohnt sich zunächst das Gespräch mit den Betroffenen – auf beiden Seiten.

Manfred Menzel ist Rahmenbauer und Kunsthändler in Bad Honnef am Rhein am Rande des Siebengebirges. Seine Werkstatt liegt in einem der ältesten Häuser der Stadt, »1549« steht an der Giebelspitze. Die Familie betreibt das Geschäft seit drei Generationen, die katholische Kirche liegt in Sichtweite. Manfred Menzel war immer gern katholisch. Er engagiert sich in der Gemeinde, kommt gut mit der Kirche aus, bis zu dem Tag, an dem sein Kirchengerichtsprozess beginnt.

Während sein Sohn Marc vorn im Verkaufsraum die Kinderfotos eines Kunden in Passepartout und Rahmen bringt, leimt Manfred Menzel im Hinterhaus vergoldete Kanthölzer zu neuen Bilderrahmen und hat dabei Zeit für ein Gespräch; aufschauen kann er nicht, zu schnell passiert ein Fehler. »Ich habe mit dem Prozess zuerst kein Problem gehabt«, sagt er. »Meine Frau wollte die Stelle haben, sie hätte gern an der katholischen Schule unterrichtet, und man hätte sie ja auch genommen, nur meine Vergangenheit stand ihr im Weg. Also mussten wir daran arbeiten.« Er schmunzelt. »Dass die Kirche nicht akzeptiert, dass meine Frau mit einem geschiedenen Mann zusammenlebt, das war das Problem«, fügt er ernster hinzu. Er habe ihr gesagt: Wenn die dich dann einstellen, machen wir das. »Ich dachte aber nicht, dass das eine Inquisition wird.«

Manfred Menzel nimmt den feinen Pinsel zwischen die Lippen und wartet kurz, bis alles haftet. Er habe sich, erzählt er, im Nachgang zu seiner Vernehmung ausgemalt, wie es den Menschen im Mittelalter ergangen sei, wenn sie zum Kirchengericht mussten: »Man hatte ja keine Chance, man war ja schuldig. So habe ich mich auch gefühlt. Ich soll alles zugeben, dann kann ich in Ruhe sterben, so kam mir das vor.« Schon während der Verhandlung habe er die Fragen teilweise gar nicht mehr beantwortet. »Weil das so schlimm war!«

Manfred Menzel heiratet seine erste Frau 1976, da ist er 21 Jahre alt. Der gemeinsame Sohn kommt ein halbes Jahr später zur Welt. 1985 lässt sich das Paar scheiden, Marc bleibt bei seinem Vater. Mit seiner zweiten Frau, Barbara, ist Manfred Menzel inzwischen seit fast dreißig Jahren standesamtlich verheiratet, sie haben noch zwei gemeinsame Töchter. Das alles erzählt er in seinem Beratungsgespräch am Kirchengericht. »Ich habe gesagt, dass ich meine schwangere Freundin damals geheiratet habe, weil sich das so gehörte, weil das auch der Wunsch meines Vaters war.« Und weil auch damals schon klar gewesen sei, dass er in das väterliche Geschäft einsteigen werde. Außerdem habe er erwähnt, dass er dieses Verfahren führen möchte, um seiner zweiten Frau eine Stelle an einer katholischen Schule zu ermöglichen. »Er schien nicht überrascht«, schildert Manfred Menzel die Reaktion seines Gegenübers. »Er nahm das zur Kenntnis, und ab da wurde das Thema nie wieder diskutiert. Sie sind einfach darüber hinweggegangen.«

Am Ende des ersten Gesprächs hält der Kirchenrechtler des Offizialats den möglichen Klagegrund handschriftlich auf einem bereitliegenden Muster für eine Klageschrift fest: Bei Manfred Menzel liege mutmaßlich eine Eheungültigkeit wegen »Furcht und Zwang im Sinne des Ehrfurchtszwanges« vor. Die Textzeile »Bekundung der Bereitschaft zu einer psychologischen Begutachtung« hat er durchgestrichen. »Einen anderen Grund würde er nicht finden, sagte mir der Herr dann. Ich sei ja in einem wirtschaftlichen Abhängigkeitsverhältnis zu meinem Vater gewesen und da hätte ich einfach so handeln müssen.«

Manfred Menzel erzählt, dass er daraufhin mit seinem Vater ganz offen gesprochen habe. »Ich sagte ihm, wir möchten gern, dass Barbara an der katholischen Schule angestellt wird, dafür muss meine erste Ehe für nichtig erklärt werden, und du hast mich damals ›gezwungen‹, ist das richtig? Da hat er so ein bisschen gegrinst: ›Ja, ja, war schon so.‹ Er hat dieses ›Spiel‹ auch mitgemacht.«

Zwei Wochen nach seinem ersten Termin im Bistum reicht Manfred Menzel seine Klageschrift beim Kölner Kirchengericht ein. Sie umfasst nicht mehr als zwölf Zeilen: »Hiermit beantrage ich, die Ungültigkeit meiner Ehe festzustellen. Als kirchenrechtliche Gründe führe ich nach Beratung im Erzbischöflichen Offizialat (…) an: ›Furcht und Zwang im Sinnes des Ehrfurchtszwanges aufseiten des Mannes‹. Ich lernte (…) ungefähr im April 1976 kennen, wir fuhren gemeinsam im Sommer 1976 in Urlaub. Danach wollte ich die Beziehung beenden, aber bevor ich ihr es sagen konnte, unterbreitete sie mir ihre Schwangerschaft.« Da beide Eltern ein Geschäft betrieben, sei der psychische Druck sehr groß gewesen. »Mein Vater machte mir unmissverständlich klar, dass ich heiraten müsse, damit man in der Öffentlichkeit nicht über unsere Familie redete. Hinzu kam, dass ich im elterlichen Betrieb angestellt und dem Druck dort ständig ausgesetzt war.« Mehr schreibt er nicht, das Kirchengericht akzeptiert die Klage, der Prozess beginnt.

Manfred Menzel versucht nun also, nachdem er bereits fast dreißig Jahre mit seiner zweiten Frau standesamtlich verheiratet ist, seine erste katholische Ehe, die er vor fast vierzig Jahren geschlossen hatte, für nichtig erklären zu lassen – damit er seine zweite Frau auch kirchlich heiraten kann und sie einen Job an einer katholischen Schule bekommt. Alle Beteiligten wissen das.

Professor Thomas Schüller lehrt Kirchenrecht an der Universität Münster und bildet dort die nächste Generation der deutschen Kirchenrichter aus. Jeder, der sich in Deutschland zum Fachkirchenrechtler schulen lassen möchte, muss entweder an die Universität München oder an sein Institut. Thomas Schüller kennt den Zusammenhang zwischen den Eheverfahren und dem besonderen kirchlichen Arbeitsrecht genau, denn neben seiner Arbeit an der Universität führt er seit Jahren Schulungen für leitende Mitarbeiter in großen katholischen Unternehmen durch, die sich unsicher sind, wie sie mit den »irregulären Umständen« im Privatleben ihrer Mitarbeiter nun konkret umgehen sollen.

Die Not der Praxis kennt er persönlich aus dem Bistum Limburg. Dort war Thomas Schüller sechzehn Jahre lang Leiter der Rechtsabteilung. »Es gehörte zu meinem beruflichen Alltag in Limburg, dass der Generalvikar oder ein Pfarrer oder andere katholische Träger bei mir anriefen und bei der Neueinstellung oder bei Mitarbeitern, die schon im kirchlichen Dienst waren, nachhörten, was nun wegen einer sogenannten irregulären Lebenssituation zu machen sei.« Nicht selten, so der Professor, habe da auch die Frage nach einem möglichen Ehenichtigkeitsverfahren im Raum gestanden. »Es ist ein immer wiederkehrender Aspekt meines beruflichen Wirkens«, sagt Thomas Schüller.

Zunächst einmal sei festzuhalten, beginnt er die Hintergründe zu erklären, dass die Eheverfahren mehrere Jahrhunderte älter seien als das deutsche kirchliche Arbeitsrecht. »Sie stehen zunächst ohne irgendeinen arbeitsrechtlichen Hintergrund allen Christen offen, die durch ein kirchliches Gericht prüfen lassen wollen, ob ihre Ehe gültig zustande gekommen ist oder nicht. Es gibt somit keinen direkten rechtlichen Zusammenhang zwischen den Ehenichtigkeitsverfahren und dem doch kirchenrechtsgeschichtlich sehr jungen deutschen kirchlichen Arbeitsrecht.« Allerdings könne man nicht übersehen, dass die hohen Ansprüche, die das kirchliche Arbeitsrecht an die Mitarbeiter stelle, einen Wandel in der Motivation ergeben hätten, derentwegen die Eheverfahren in Deutschland in den vergangenen Jahrzehnten geführt würden.

»Es gibt ja«, erklärt Professor Schüller, »bestimmte Berufsgruppen, die von den besonderen Anforderungen hinsichtlich der persönlichen Lebensführung besonders stark betroffen sind.« Bei Mitarbeitern, deren Lebenssituationen nicht mit der katholischen Morallehre kompatibel seien, verwiesen die Vorgesetzten die Betroffenen dann sowohl bei der angedachten Erstanstellung wie auch bei der Weiterbeschäftigung direkt an die kirchlichen Gerichte und auf die Möglichkeit, dort ein erstes Beratungsgespräch durchzuführen, um die Chancen zu prüfen.

»Dies geschieht also aus der nachvollziehbaren Absicht heraus, gute und geschätzte Mitarbeiter weiterbeschäftigen zu können und gleichzeitig dem kirchlichen Arbeitsrecht durch Klärung der Lebenssituation Rechnung zu tragen sowie – und das wird immer wichtiger – überhaupt fachlich geeignete Mitarbeiter zu gewinnen!« Wenn bei den Bewerbungsgesprächen »leider« deutlich werde, dass es da eine Vorehe mit anschließender Scheidung gegeben habe, könne der Fingerzeig auf das kirchliche Gericht der Ausweg aus dem Problem der Personalakquise sein.

Konkrete Zahlen, wie viele Ehenichtigkeitsverfahren an den deutschen kirchlichen Gerichten diesen direkten oder mittelbaren arbeitsrechtlichen Hintergrund haben, gebe es aus nachvollziehbaren Gründen nicht, aber es gehe in der Regel immer um das gleiche Dilemma: »Oft kann nur ein erfolgreiches Ehenichtigkeitsverfahren die persönliche Lebenssituation so klären, dass man einen guten Mitarbeiter weiterbeschäftigen und gleichzeitig die Anforderungen des kirchlichen Arbeitsrechts erfüllen kann.«

Betrachtet man die Dinge so, kommt den Kirchengerichten in Deutschland eine spezielle Rolle zu. Einst aus rein religiösen Motiven entstanden, hat sich ihre Funktion offenbar hierzulande weiterentwickelt. Auch wenn die katholische Kirche inzwischen Probleme hat, ihre strenge Morallehre vor allem in Bezug auf die Ehe an der Basis noch wirksam durchzusetzen, durch das besondere Arbeitsrecht kann es bei ihren 700 000 Mitarbeitern, vor allem bei den Führungskräften, noch gelingen. Klar ist: Die Prozesse helfen dabei.

Thomas Schüller bestätigt das. »Ich habe in internen Gesprächen schon manches Mal gesagt, dass die Bistümer ihre kirchlichen Gerichte schwerpunktmäßig nur deswegen halten, um das kirchliche Arbeitsrecht zu stützen und auf dem umkämpften Arbeitsmarkt überhaupt weiterhin geeignete Mitarbeiter zu finden beziehungsweise nicht zu verlieren.«

Was sagen die, die diese Prozesse führen, zu der arbeitsrechtlichen Problematik? Bevor Kirchenrichterin Cäcilia Giebermann das Gespräch beendete, hatte sie noch auf diese Frage geantwortet. Geht es den Klägern oftmals allein darum, ihren Arbeitsplatz zu erhalten oder einen zu bekommen? Vorsichtig nickt Cäcilia Giebermann, jedoch nicht, um die Vermutung zu bekräftigen. Sie lässt sich etwas Zeit, dann erklärt sie zu diesem Thema: »Papst Franziskus hat einmal gesagt: ›Als Sakrament ist die Ehe ein Geschenk Gottes.‹ Und ich glaube, darum geht es den meisten Menschen, die zu uns kommen, im Kern. Sie möchten ihre neue Ehe als sakramentale Ehe schließen, sie möchten das Geschenk Gottes empfangen.«

Der Bonner Kirchenrechtler Professor Norbert Lüdecke schüttelt den Kopf. Er bildet nicht nur künftige Priester und pastorale Mitarbeiter aus, forscht und lehrt zum Thema, berät Paare vor dem und im Prozess, sondern war selbst lange Jahre Kirchenrichter in Limburg und Mainz. »Das möchte man gern, dass das so ist. Ich kann mir vorstellen, dass auch ein Richter den Wunsch hat, alle Klienten kämen aus rein moralischen und religiösen Gründen, das halte ich aber nicht für sehr lebensnah und – das ist wichtig – rechtlich nicht für erforderlich.« Nach seiner Erfahrung sei das häufigste Motiv für einen Ehenichtigkeitsprozess die Vermeidung arbeitsrechtlicher Konflikte, die Angst um den eigenen Arbeitsplatz oder den des neuen Partners. »An den Gerichten, an denen ich gearbeitet habe, hat man daraus kein Geheimnis gemacht.« Und auch nach der Novellierung des kirchlichen Arbeitsrechts gebe es für die Betroffenen keine Rechtssicherheit. »Daher fragen Klienten auch weiterhin nach Beratung, weil sie selbst oder die neuen Partner an einer katholischen Schule unterrichten, bei einem katholischen Verband beschäftigt sind oder Theologie an einer Universität lehren. Nach meiner Erfahrung ist es in den seltensten Fällen so, dass Menschen ein Verfahren anstrengen, weil sie in ihrer aktuellen zweiten Partnerschaft selbst ein moralisches Problem sehen.«

Natürlich gebe es durchaus Paare, die den Wunsch hätten, mit kirchlichem Segen eine neue Partnerschaft, eine zweite kirchliche Ehe, zu leben. »Dass man dafür aber von sich aus ein Verfahren auf sich nimmt, halte ich für nicht wahrscheinlich oder zumindest für nicht gewöhnlich.« Er sei der Meinung, dass die meisten Katholiken nicht mehr verstünden, warum sie ein solches Verfahren brauchten, um einen Neuanfang versuchen zu dürfen.

Ein Kirchengericht dürfe pragmatisch motivierte Klienten allerdings nicht als Menschen zweiter Klasse behandeln, nur weil sie nicht aus den amtlich wünschenswerten hochstehenden Motiven kämen. Erst recht dürfe die Rechtsprechung davon nicht beeinflusst werden. »Jeder, der in einer ungültigen Ehe gebunden ist, hat nach katholischem Verständnis einen Rechtsanspruch darauf, das feststellen zu lassen.«

8.

»Es ist schwierig, aber nicht unmöglich«

Beweisführung auf Katholisch

Am 19. Juli 2012 betritt Elke Rogosky den Vernehmungs-raum des Kölner Kirchengerichts, um ihre Beziehung und Peter Ottens Job zu retten. Sie setzt sich an den Tisch, eine Vernehmungsrichterin nimmt ihr gegenüber Platz, die Protokollantin fährt den Computer hoch.

»Meine Richterin war sehr freundlich«, erinnert sich Elke Rogosky an diesen Tag, an den wuchtigen goldenen Türknauf des Gerichts, die Anmeldung an der Pforte mit gedämpfter Stimme. Dass sie zur Vernehmung hier sei, habe sie gesagt. Dann sei es über eine freie Steintreppe nach oben in den zweiten Stock einen unscheinbaren Flur mit dunklem Teppichboden entlang gegangen. Die Tür zum Vernehmungszimmer habe schon offen gestanden. Es ist ein Raum, in dem man auch ein Gespräch über eine sinnvolle Zusatzkrankenversicherung oder die bevorste-hende Privatinsolvenz führen könnte. Nur die Ikone im Wechselrahmen, das schlichte Kreuz über der Tür und das Sideboard mit kirchenjuristischer Fachliteratur geben Hinweise darauf, wo man sich befindet. Hier wird es in den nächsten vier Stunden um intime Details aus Elke Rogoskys Eheleben gehen. Es ist der offizielle Beginn der Beweisaufnahme.

Elke Rogosky hatte ihre Klagegründe am 15. März 2012 eingereicht. Sie heißen: »Ausschluss der Hinordnung der Ehe auf Nachkommenschaft aufseiten der Frau« und »Ausschluss der Unauflöslichkeit der Ehe«. Am 5. April 2012 hatte das Kölner Kirchengericht Elke Rogoskys Klage angenommen. Die nun folgende Beweisaufnahme soll klären: In welcher konkreten Situation befand sich Elke Rogosky zum Zeitpunkt ihrer Eheschließung? Was hat sie damals gewollt, geglaubt? Hat sie tatsächlich nur simuliert? Wenn ja, was waren ihre Motive? Wie kann sie das beweisen?

Über vier Jahre Anlauf hat Elke Rogosky gebraucht, jetzt ist sie bereit und gut vorbereitet. Sie hat sich noch einmal alles ins Gedächtnis gerufen: Wie war das damals genau mit dem Kinderwunsch, was hatte sie wem dazu gesagt? Sie wird heute als Erste vernommen, danach ist ihr Exmann an der Reihe. »Mir war wichtig«, erzählt sie, »dass weder ich noch meine Zeugen Dinge konstruieren. Ich habe also mit den Zeugen nicht vorher zur Sache gesprochen; es wird einem ja nahegelegt, das nicht zu tun.« Sie habe ihnen die Klagegründe genannt, mehr nicht.

Nach ihrem Exmann hatte sich auch Elke Rogoskys älterer Bruder bereit erklärt, sie im Verfahren zu unterstützen, außerdem zwei Freundinnen. Beide kennen Elke Rogosky schon lange sehr gut, aber nicht aus der Zeit vor ihrer Eheschließung. Trotzdem, zu ihrem Wesen können sie aussagen. »Ich habe allen gesagt: Ihr müsst nichts behaupten, was ihr nicht wisst, ihr müsst auch nichts Falsches sagen, mir zuliebe. Sagt einfach das, was ihr guten Gewissens sagen könnt und wollt.« Sie glaube, das habe ihre Zeugen im Vorhinein entlastet: »Dass ich nichts von ihnen erwarte oder nach dem Prozess ankomme und sage: Du hättest das aber so und so sagen müssen, das wäre für mich besser gewesen.« Peter Otten räuspert sich. »Mir haben vorher, bevor das mit den Vernehmungen losging, sogar Priester gesagt: Du weißt doch, die spielen ein Spiel mit euch, dann spielt doch mit. Warum macht ihr keine Prozessstrategie? Warum sprecht ihr euch nicht ab? Dann habe ich gesagt: Das finde ich entwürdigend. Ich treffe mich doch nicht mit den Zeugen, und dann machen wir eine Strategie.« Elke Rogosky nickt. »Meine Freundinnen schätze ich ja und dann schicke ich sie doch nicht vorbereitet und mit einem bestimmten Auftrag in so einen Termin. Das hätte ich gar nicht verantworten können.«

Außer Elke Rogosky und ihrem Exmann werden im folgenden Jahr fünf Zeugen vor dem Kölner Kirchengericht zu verschiedenen Facetten ihres Falls vernommen werden: ihr Bruder und ihre Freundinnen zu Elke Rogoskys Lebensgeschichte, ihrem Charakter und den Details ihrer Behauptungen – sowie ein befreundeter Pfarrer und eine ihr gut bekannte Kirchenmitarbeiterin nur zu ihrer Glaubwürdigkeit.

Alle werden getrennt voneinander befragt. Sie werden sich nicht begegnen. Sie werden auf die Bibel schwören und sich verpflichten, über Fragen und Antworten bis zum Abschluss der Beweisaufnahme Stillschweigen zu bewahren, damit niemand in seiner Aussage beeinflusst wird. Die Richter, die am Ende entscheiden, tun dies aufgrund der Aktenlage, Elke Rogosky wird sie nicht zu Gesicht bekommen. Anders als im staatlichen Recht ist der Prozess nicht zugänglich für den Betroffenen oder gar die Öffentlichkeit. Hier gibt es keine mündliche Verhandlung, in der sich ein Gericht ein Urteil bildet, indem es Zeugen oder Sachverständige hört. Das Eheverfahren wird, in Anlehnung an das antike römische Streitverfahren, schriftlich geführt.

»Als ich da saß, beim ersten Gespräch, ist mir klar geworden: Jetzt rollt ein riesiger Stein los, und ich habe im Grunde keine Ahnung, wohin.« Sie habe sich ohnmächtig gefühlt, erzählt Elke Rogosky. In jedem weltlichen Prozess kenne man die Abläufe, sehe alle Beteiligten von Angesicht zu Angesicht. »Hier nicht. Man hat das Verfahren angestoßen und jetzt muss man damit leben, egal, was kommt, so war mein Gefühl.«

Es ist für den Laien gar nicht so leicht herauszufinden, wie eine Beweisaufnahme vor einem Kirchengericht genau abläuft. Klar ist: Auch bei der Kirche findet, ähnlich wie in einem staatlichen Ermittlungsverfahren, eine Beweiserhebung durch Vernehmungen statt, die Kläger, die Zeugen werden gehört, ebenso externe Gutachter. Psychologen, Psychiater, Gynäkologen.

Wen soll man nun zu diesen genauen Abläufen befragen, wer vertritt die Position der Vernehmungsrichter, des Gerichtspersonals? Die konkreten Verantwortlichen

in Elke Rogoskys Fall möchten sich nicht äußern, Datenschutz. Cäcilia Giebermann hatte nur 15 Minuten. Aber
es gibt jemanden, der einspringt. Jemand, der die Arbeit
ebenfalls jeden Tag macht, die Hintergründe ausführlich erläutern kann. Es ist ein Kirchenrichter aus einem
der 22 deutschen Offizialate, er hat Theologie und Kirchenrecht studiert, die obligatorischen Hospitanzen an
deutschen Kirchengerichten und in Rom absolviert, nun
arbeitet er fest als Richter, mit Freude und aus Überzeugung. Er will gern schriftlich auf alle allgemeinen Fragen
zum Thema antworten und hätte auch nichts dagegen, seinen Namen zu veröffentlichen und mehr zu seinem Werdegang zu erzählen. Als er aber die für die Presse Verantwortlichen in seinem Bistum um Zustimmung bittet,
raten sie dringend davon ab. So bleibt das, was er zu sagen
hat, er selbst soll nicht erkennbar sein. Aus seinen Antworten ist der Wunsch herauszulesen, die Dinge aus Sicht
der praktizierenden Richter am Kirchengericht mit Ruhe
zu erklären.

Seine Einsatzbereiche am Offizialat seien vielfältig,
schreibt der, der in Wahrheit nicht Wolfgang Strecker
heißt. Was die Eheverfahren betrifft, berät er zum einen
Paare vor ihrem Prozess und hilft ihnen – etwa bei der
genauen Benennung ihres Klagegrundes oder der Erstel-
lung ihrer Klageschrift. Zum anderen ist er als Untersuchungsrichter für die Beweiserhebung im Eheverfahren
zuständig, das heißt, er vernimmt die Parteien und ihre
Zeugen, holt Sachverständigengutachten und Dokumente
ein. Als Richter im Kollegialgericht entscheidet er darüber hinaus am Ende des Verfahrens mit seiner Stimme, er

fällt gemeinsam mit den Kolleginnen und Kollegen das Urteil.

Dass nicht nur Kleriker, sondern auch Laien die Prozesse vor den Kirchengerichten führen, war nicht immer so. Zunächst begleiteten ausschließlich Priester die Verfahren im Sinne des kirchlichen Gesetzbuches, doch der zunehmende Priestermangel machte es schon 1971 unerlässlich, auch Laien für das Richteramt zuzulassen. Seit 1983 dürfen dies auch Frauen sein. Damit begegnet die katholische Kirche nebenbei auch dem Vorwurf, dass allein zölibatär lebende Männer über die Gültigkeit katholischer Ehen entscheiden würden. Sicher war und ist die pauschale Kritik unangebracht, dass alle Kleriker-Richter keine Vorstellung vom Leben als Paar haben, denn wer diese Funktion über Jahre ausübt, ist mit vielen Konfliktlagen von Paaren vertraut. Trotzdem ist es natürlich hilfreich, wenn die, die am Ende entscheiden, das, worum es geht, im Zweifel auch selbst leben und zusätzlich über die nötige kirchenjuristische Qualifikation verfügen. Auch die Laienrichter haben verpflichtend eine Vorbildung im kirchlichen Recht. Im Kirchengesetz heißt es dazu: »Die Richter haben gut beleumundet und Doktoren oder wenigstens Lizentiaten des kanonischen Rechtes zu sein.«

Es gibt auch Laien, die ehrenamtlich als Vernehmungsrichter arbeiten, vor allem an den beiden größten deutschen Kirchengerichten in Köln und Münster. Nicht selten sind es weltliche Juristen, die als Rechtsanwälte, Notare oder Richter im staatlichen System arbeiten und nebenberuflich oder nach ihrer Pensionierung nun für die Kirche tätig sind. Auch Fachanwälte für Familienrecht, die morgens im Büro noch die Scheidungen ihrer Klienten besprechen, um dann in ihrer Freizeit Vernehmungen zur Gültigkeit der katholischen Ehe zu machen, finden sich auf den Personallisten. Sie wurden etwa von ihrem örtlichen Pfarrer an den Bischof empfohlen, der für die ehrenamtliche Arbeit am Kirchengericht Laien beschäftigen kann, »die sich«, so heißt es im Kirchengesetz, allein »durch gute Lebensführung, Klugheit oder Fachkenntnisse auszeichnen«.

Auf der online veröffentlichten Liste der fünf Kölner Vernehmungsrichter stehen bekannte Namen: Dr. Armin Draber zum Beispiel. Als Vorsitzender Richter am Kölner Landgericht leitete der heute 84-Jährige Ende der Siebzigerjahre Strafprozesse gegen mutmaßliche Linksterroristen. Ebenso wie Otto Strauß, ehemals Vorsitzender Richter am Landgericht Düsseldorf. Ein Spezialist für Drogenkriminalität. Des Weiteren zwei praktizierende Rechtsanwälte und ein Pfarrer in Rente.

Die besondere Bedingung: Alle nebenamtlichen Mitarbeiter, auch die weltlichen Juristen, sind damit einverstanden, dass sie bei ihrer Arbeit für die Kirche nicht nur an staatliches Recht und Gesetz, sondern auch an »Schrift und Bekenntnis« gebunden sind. Aufgabe des Vernehmungsrichters ist es dann, nach entsprechendem richterlichen Auftrag »Beweise zu erheben und diese dem Richter zuzuleiten«. Auch im Kirchenrecht heißt das: Beweisaufnahme.

»Es ist so, als würde man gedanklich ein Stück Lebensgeschichte dieser Menschen mitvollziehen, und aus diesen Erfahrungen lerne ich sehr viel – über andere, aber auch über mich selbst.« So antwortet Wolfgang Strecker auf die Frage, was ihn an seiner Arbeit am Gericht, an den Gesprächen mit den Betroffenen besonders reizt. Er schätze vor allem den Kontakt mit Menschen, nie werde es langweilig. »In einer Woche, die mir vor Augen steht, habe ich zum Beispiel Texte in mehreren Sprachen bearbeitet, mich aber gleichzeitig mit der Wirkweise bestimmter Medikamente beschäftigen müssen – das gibt es sonst im kirchlichen Kontext wirklich eher selten.«

Wolfgang Strecker kann genau erklären, was bei der kirchlichen Beweisaufnahme geschieht. Am Offizialat führe er das Beweiserhebungsverfahren oft selbstständig durch. Ziel sei es, die Wahrheit ans Licht zu bringen. Als Untersuchungsrichter handele er mit Amtsermittlungsgrundsatz, das bedeute, er selbst müsse sich darum kümmern, die Sache zur Entscheidungsreife zu führen, auch wenn die Parteien beim Vorlegen von Beweisen nachlässig seien. Dazu gehörten die Gespräche mit den Betroffenen und ihren Zeugen, aber auch das Einholen von Sachverständigengutachten und Dokumenten. Beim Vernehmen der einzelnen Parteien gehe es vor allem darum, mit Ruhe und ohne Zeitdruck zuzuhören, Informationen zu sammeln, zu kombinieren. »Auch genaues Hinsehen und Beobachten sind wichtig: Mimik, Gestik, Reaktionen sind oft aufschlussreich.« Die wichtigsten Fähigkeiten für einen Kirchenrichter seien seiner Meinung nach: Empathie, Intuition, Konzentration, Kondition und Beobachtungsgabe.

Die jungen Richter der Kirche lernten das Vernehmen vor allem durch Praktika und Hospitationen bei älteren Kollegen. »Dazu«, schreibt Wolfgang Strecker, »versuche ich natürlich ständig, mich auch im Austausch mit unseren psychologischen Sachverständigen in Techniken der Gesprächsführung fortzubilden, denn man muss sich klarmachen, dass nicht wenige Betroffene durch Erlebnisse in ihrem Leben oder in der Partnerschaft traumatisiert sind.«

Es gehe bei den Vernehmungen vor allem darum, eine adäquate Rolle zu finden, in der einem das Gegenüber Vertrauen schenke, sich im Laufe des Gesprächs öffne, ansonsten sei eine Vernehmung wenig ertragreich. »Wichtig ist aber auch, dass man die Grenzen kennt, die man selbst in einem Gespräch handhaben beziehungsweise zu denen man sich vorwagen kann. Echte Traumata beispielsweise sind absolut tabu.«

Wolfgang Strecker ist auch mit Elke Rogoskys konkretem Klagegrund, der Partialsimulation, dem Ausschluss der Nachkommenschaft, bestens vertraut und kann beschreiben, wie eine Beweisführung in einem solchen Fall in der Regel aussieht. In Simulationsverfahren, so erklärt Wolfgang Strecker, gehe es immer um die Frage nach dem inneren Willen des Klägers zum Zeitpunkt der Eheschließung. »Wir unterstellen Partnern, die zur Trauung in die Kirche kommen, dass sie die Ehe so eingehen wollen, wie die Lehre der Kirche sie versteht.« Stimme das äußere Jawort nicht mit dem inneren Willen überein, habe der Betroffene bei seiner Eheschließung simuliert. »Das ist zum Beispiel dann der Fall, wenn sich jemand vorbehält, die Kinderfrage allein zu entscheiden, ohne Abstimmung mit dem Partner. Ohne hier werten zu wollen, könnte man dann auch sagen: Ein Simulant hat schlicht Theater gespielt.«

Wie lässt sich aber nun beweisen, dass der Betroffene »Theater gespielt« hat? Wolfgang Strecker schreibt: »Es ist wirklich nicht einfach, über den damaligen inneren Willen einer Person belastbare, beweiskräftige Information zu erheben, und das macht Simulationsverfahren gar nicht unkompliziert.«

Zunächst einmal sei das sogenannte »Geständnis« des Simulanten relevant. Es müsse in der Regel von zwei einwandfreien Zeugen gerichtlich unter Eid bestätigt werden, wobei unter gewissen Umständen auch den übereinstimmenden Aussagen der Parteien, das heiße der beiden Ehepartner, volle Beweiskraft zukommen könne. Grundsätzlich gelte: »Nur wenn Kläger und Zeugen als glaubwürdig erlebt werden, können ihre Aussagen auch als Beweismaterial in die Beweiswürdigung zugunsten der Klagebehauptung einfließen.« An dieser Stelle könnten auch »Glaubwürdigkeitszeugen« eine Rolle spielen. Diese bitte er dann um eine begründete Einschätzung, ob die Person der Erfahrung nach die Wahrheit sagt, verlässlich ist oder ob man gegenteilige Erfahrungen gemacht hat.

Das heißt für Elke Rogoskys Fall: Wenn sie im Verfahren »gestehen« würde, dass sie damals nicht uneingeschränkt Kinder gewollt habe, dass sie etwa verhütet habe, reicht das nicht aus. Denn sie kann, so steht es im Kirchenrecht, die öffentliche Rechtshandlung, die sie mit ihrer Eheschließung selbst gesetzt hat, nicht allein durch ihre eigene Aussage für unwirksam beziehungsweise nichtig erklären. Wäre dies so einfach möglich, fehlte nach kirchenrechtlichem Verständnis jede Rechtssicherheit. Deshalb braucht Elke Rogosky Zeugen, die ihre Aussage bestätigen, im besten Fall für die Achtzigerjahre, die Zeit vor ihrer Eheschließung.

»Jetzt gibt es aber Situationen und Gründe«, führt Wolfgang Strecker fort, »aus denen jemand simuliert, von denen derjenige Dritte entweder überhaupt nicht oder nur sehr eingeschränkt berichtet hat, sodass die Beweisführung so nicht möglich ist.« Dann könnten die Umstände vor, während und nach der Eheschließung beweisrelevant werden, wenn sie die behauptete Simulation unterstützten. »Das nennen wir indirekte Beweisführung, im weltlichen Recht würde man wohl sagen: ein Indizienprozess. Das ist nicht immer einfach und auch nicht immer zu leisten.« Dennoch gebe es diese Beispiele: etwa wenn ein Ehemann seine Frau nach kurzer Zeit verlasse. »Hinterher stellt sich heraus, dass derjenige seit dem Zeitpunkt des Zusammenziehens sechs Monate vor der Hochzeit Quittungen über sämtliches Angeschaffte sorgfältig gesammelt hat, um nun die Besitztümer auseinanderzudividieren.« So etwas stütze sicherlich den Klagegrund des Ausschlusses der Unauflöslichkeit der Ehe, schreibt Wolfgang Strecker. »Denn es ist kaum plausibel, dass jemand, der eine unauflösliche Ehe eingehen will, vor der Eheschließung Beweismaterial für eine Güterverteilung sammelt.« Kämen dann noch zusätzlich Simulationsmotive hinzu, etwa der Umstand, dass es dem Betreffenden aufgrund seiner gesellschaftlichen Stellung nicht ohne absolute Blamage möglich gewesen wäre, die Heirat spontan abzusagen, könne hier möglicherweise indirekt eine Nichtigkeit der Ehe wegen Ausschlusses der Unauflöslichkeit vorliegen.

»Wichtig ist am Ende, dass Parteiaussagen, Zeugenaussagen und weitere Umstände so zusammenkommen, dass der innere Willen der Partei dem Richterkollegium nicht nur wahrscheinlich, sondern wirklich glaubhaft erscheint.« Das sei schwierig, räumt er ein, aber nicht unmöglich.

9.

»Haben Sie Ihre Tagebücher dabei?«

Vernehmung am Kirchengericht

Ob in Bamberg oder Berlin, Fulda oder Freiburg: Die Art der Vernehmung vor deutschen Kirchengerichten ist abhängig von dem, der sie führt. Was alle Gespräche gemein haben, ist das Recht der vernehmenden Richter auf Fragen zu sehr intimen Details des Privat- und Seelenlebens. Hier beschränkt sich das kirchliche Gesetz nicht nur auf das Sichtbare, auf Tun oder Nichttun. Das kanonische Recht ist auch ein moralisches Recht, es geht auch um innere Einstellungen, um Glauben, um Zustimmung zu einem Leben nach den sittlichen Vorstellungen der katholischen Kirche. Auch dies kann in den Prozessen abgefragt werden. Dann gilt es, nachträglich zu überprüfen, wie das Seelenleben der Ehepartner beschaffen war, und ob die Sexualität gemäß der katholischen Lehre gelebt wurde. Wozu diese Möglichkeit zur Befragung durch kirchliche Autoritäten hinter verschlossenen Türen führen kann, zeigt folgender Fall.

Stefan Förster arbeitet in einem katholischen Krankenhaus irgendwo in Deutschland. Weder den Ort noch seine genaue Funktion noch seinen richtigen Namen möchte er nennen.

Auch er hat gerade einen Ehenichtigkeitsprozess hinter sich. Er hat das Verfahren nicht geführt, weil er nach seiner Scheidung eine neue Partnerin kennengelernt, sondern weil er auf eine neue Beziehung gehofft hat, nachdem seine erste Frau ihn verlassen hatte. »Ich wollte nicht mit dem Gedanken leben, dass das nun für immer so bleiben muss, ich habe gehofft, vielleicht noch mal eine Frau kennenzulernen und eine neue Partnerschaft zu beginnen.«

Damit er dann keine Probleme mit seiner Arbeitsstelle bekomme, habe er das Verfahren begonnen, vorsorglich. Mehrere Jahre hat sein Prozess gedauert. An seine Vernehmung erinnert er sich genau. »Ich würde es im Nachhinein Verhör nennen.« Stefan Förster sitzt in seinem Büro im Krankenhaus, er hat die Tür geschlossen; seine Schicht geht gleich los. Er ist immer noch wütend, weil er, so sagte er schon vorweg am Telefon, der Meinung sei, dass es »das in unserer offenen Gesellschaft nicht länger geben« dürfe.

Im für ihn zuständigen Offizialat ist er sechs Stunden von einem Priester zu seiner Lebensgeschichte befragt worden.

»Was mich schockiert hat, war, dass die Fragen im Verlauf des Gesprächs bald sehr intim und auch speziell intim waren, sodass ich mich dabei unwohl gefühlt habe.« Er habe sehr detailliert zu seinem Sexualleben Auskunft geben müssen. »Der Priester hat mich gefragt, ob ich Partnerinnen vor meiner Ehefrau hatte, und ob ich mit denen Sex hatte. Ob ich dabei ein schlechtes Gewissen gehabt habe.

Ob meine Frau und ich in unserer Ehe längere Zeit keinen Sex gehabt hätten, wenn ja, weshalb; ob unsere Trennung vielleicht auch darin begründet sein könnte. Wie unser Sexualleben sonst aussah.« Stefan Förster blickt auf. »Muss das sein? Warum muss er das wissen? Spielt das eine Rolle?« Er macht eine kurze Pause, spricht dann ruhig weiter. Das Schlimme sei gewesen, einem Mann, den er noch nie zuvor gesehen habe, diese Fragen beantworten zu müssen. »Ich hatte das Gefühl, du musst hier mitspielen, um dein Ziel zu erreichen, Augen zu und durch. Zu Beginn des Gespräches wurde mir zwar gesagt, dass ich die Möglichkeit habe, Fragen nicht zu beantworten, wenn ich es nicht wolle. Doch wenn ich jetzt gesagt hätte: Das geht mir zu weit, dazu möchte ich nichts sagen, dann hätte der Richter das zwar akzeptiert, aber es stand klar im Raum, dass das für mich eine verpasste Chance sein könnte im Hinblick auf meinen Erfolg im Prozess.« Deswegen habe er alle Fragen beantwortet. »Wenn es heißt: Sie müssen das nicht beantworten, dann ist das eine Doppelbotschaft. Denn man vermutet automatisch, dass es einem positiven Ende schadet, wenn man nicht antwortet.«

Stefan Förster schüttelt den Kopf. Es gehe da ja um die berufliche Existenz, sonst würde man fremden Männern nicht so viel von seinem Privatleben erzählen. »Das geht wirklich nur in so einer Parallelwelt. Dass es das wirklich gibt!«

Er habe sich in den letzten Monaten oft gefragt, was für ihn das Grundproblem an dieser Konstellation gewesen sei. »Ich habe dann irgendwann den Eindruck gewonnen, dass diese Männer, die das machen, offensichtlich überzeugt sind, das alles mit einem göttlichen Auftrag zu tun. Dass es deswegen notwendig ist und gar nicht schlimm und vielleicht sogar hilfreich für das Heil meiner Seele, und das deshalb alles gerechtfertigt ist: diese Seelenkramerei, dieses Rumpulen in der Seele eines anderen Menschen bis in die geheimsten Ecken. Sich das so rauszunehmen!« Wieder macht er eine Pause. »Die dürfen alles fragen! Das haben die irgendwie hingekriegt unter dem Deckmantel dieser göttlichen Beauftragung, und ich habe an einigen Stellen auch gedacht: Ob er dabei vielleicht auch Lust empfindet, ob das für ihn eine Art Befriedigung ist? Ich möchte niemandem etwas unterstellen, aber ich glaube schon, dass die Gefahr akut besteht, sich da hinreißen zu lassen, diese Details rauszukitzeln aus den Leuten.« Es sei ja auch ein Gefühl von Macht. »Und der Richter spielt dann die Macht aus und macht sich zum Anwalt Gottes, zum Richter Gottes. Wenn ich mir vorstelle, ich sitze da, und der andere muss sich vor mir seelisch ausziehen … Es ist einfach so ein widerliches Machtgefühl, aber das wird dann ganz bigott übertüncht, da es ja vorgeblich im ›Dienste Gottes‹ geschieht. Ich verstehe das nicht. Ich finde das menschenunwürdig. Und dass sie sich noch einbilden, sie tun etwas Gutes damit! Niemand darf im öffentlichen Leben einem Menschen solche Fragen stellen, aber die Kirche darf das?« Es geschehe ja auch alles im Stillen, und man sei einfach nur froh, wenn man seinen Prozess hinter sich habe. »Aber das darf es eigentlich nicht mehr geben, so etwas. Finster ist das. Es spielt sich so abgeschieden ab.«

Auch der Kunsthändler Manfred Menzel hatte bereits

angedeutet, dass er seine Befragung eher wie eine »Inquisition« denn wie ein Gespräch wahrgenommen hat. Seine
Vernehmung dauerte ebenfalls einen halben Tag. Auch von
ihm, so erzählt er, hätten die Richter Details zu seinem Sexualleben wissen wollen, die mit seiner Ehe, nach seinem
Verständnis, nichts zu tun gehabt hätten, etwa, ob er Geschlechtsverkehr vor seiner Ehe gehabt habe. »Ich habe zunächst gesagt: ›Das geht Sie nicht viel an.‹ Und dann sagte
der Priester: ›Ja, aber da müssen wir jetzt weiterkommen‹,
und dann habe ich gesagt: ›Natürlich hatte ich den.‹ ›Ja,
haben Sie denn da verhütet?‹« Manfred Menzel blickt auf.
»Solche Dinge wurde ich da gefragt! Und dann wurde ich
auch gefragt, wo das passiert sei! Wo!« Ein junger Mann
habe bei seiner Vernehmung Protokoll geführt, dem sei
das alles sehr peinlich gewesen, der sei öfter rot geworden.
»Das Ganze hätte ich mir niemals so vorgestellt.«

In Manfred Menzels Verfahren werden drei weitere Personen als Zeugen befragt: sein Vater, seine Schwester und
eine Schulfreundin, die Psychologin Sylvia Modersohn.
Es habe sie allein schon aus beruflichen Aspekten interessiert, an dem Verfahren teilzunehmen, erzählt sie. Sie habe
sich das alles vorher nicht vorstellen können. »Hinterher
aber auch nicht«, lacht sie. »Ich glaube, mein Verhör dauerte vier Stunden.« Sie erinnere sich, dass sie einen kleinen Koffer dabeigehabt habe, weil sie anschließend noch
zu einem Seminar gefahren sei. »Der Vernehmungsrichter
strahlte mich gleich an und sagte: ›Oh, Sie haben mir etwas
mitgebracht!‹« Dann habe sie ihn gefragt, was er denke,
was sie ihm habe mitbringen können. »Er sagte dann:
›Frauen schreiben doch Tagebücher!‹ Da habe ich ihm nur

gesagt: ›Und Sie glauben im Ernst, ich würde Ihnen hier jetzt meine Tagebücher als Beweis mitbringen?‹ Das hatte er gemeint! Ich fand das erschreckend.« Vor allem wenn man sich vorstelle, dass dieser Mensch ausschließlich dafür da sei, solche Vernehmungen zu führen, ein Mensch, der dafür ausgebildet werde, auch mit Verhörtechniken, mit Fangfragen! »Mir wurden auch ähnliche Fragen gestellt wie Manfred: ob er verhütet habe, und wenn ja, wie. Wie viele Freundinnen er vorher gehabt habe und währenddessen und nachher, bis ins Detail. Ich fand es völlig indiskret. Das hat mich wirklich an eine Beichte erinnert, wie ich sie als Kind mal erlebt habe, wo ich mir hochnotpeinlich überlegte, wie ich das bloß alles formuliere, und dann sagte: ›Ich habe unzüchtig gedacht.‹ Und dann wollte der Pfarrer das aber ganz genau wissen.« Als Kind sei sie aufgestanden und gegangen, hier sei sie geblieben, dem Freund zuliebe. »Ein Irrsinn.«

Wieso spielt das Thema Verhütung in den Eheverfahren so eine zentrale Rolle? Mit der Ehe geht, nach Lehre der katholischen Kirche, nicht nur das Recht auf Geschlechtsverkehr mit dem Ehepartner einher, sondern auch die entsprechende Pflicht dazu. Und dieser eheliche Geschlechtsverkehr hat zwei untrennbare Ziele: die »liebende Vereinigung« und die Orientierung auf Fortpflanzung. Dazu schreibt Papst Paul VI. 1968 in der Enzyklika *Humanae vitae*: »Diese Verknüpfung darf der Mensch nicht eigenmächtig auflösen. Seiner innersten Struktur nach befähigt der eheliche Akt, indem er den Gatten und die Gattin aufs Engste miteinander vereint, zugleich zur Zeugung neuen Lebens, entsprechend den Gesetzen, die in die Natur des Mannes und der Frau eingeschrieben sind. Wenn die beiden wesentlichen Gesichtspunkte der liebenden Vereinigung und der Fortpflanzung beachtet werden, behält der Verkehr in der Ehe voll und ganz den Sinngehalt gegenseitiger und wahrer Liebe und seine Hinordnung auf die erhabene Aufgabe der Elternschaft, zu der der Mensch berufen ist. Unserer Meinung nach sind die Menschen unserer Zeit durchaus imstande, die Vernunftgemäßheit dieser Lehre zu erfassen.«

Die Kirche erlaubt zwar, dass sich Ehepaare in der fruchtbaren Phase der Frau enthalten, verbietet aber künstliche Verhütung. »Tatsächlich«, so schreibt der Papst hierzu, »handelt es sich um zwei ganz unterschiedliche Verhaltensweisen: Bei der ersten machen die Eheleute von einer naturgegebenen Möglichkeit rechtmäßig Gebrauch; bei der anderen dagegen hindern sie den Zeugungsvorgang in seinem natürlichen Ablauf.«

Der eheliche Akt muss also so vollzogen werden, dass normalerweise Nachkommenschaft entstehen kann, dass also weder vorher, etwa durch die Pille, noch während, etwa durch ein Kondom, noch danach etwa durch die Pille danach oder sogar eine Abtreibung willkürlich eingegriffen wird. »Wie die Erfahrung lehrt«, schreibt Papst Paul VI., »geht tatsächlich nicht aus jedem ehelichen Verkehr neues Leben hervor. Gott hat ja die natürlichen Gesetze und Zeiten der Fruchtbarkeit in seiner Weisheit so gefügt, dass diese schon von selbst Abstände in der Aufeinanderfolge der Geburten schaffen. Indem die Kirche die Menschen zur Beobachtung des von ihr in beständiger Lehre ausgelegten natürlichen Sittengesetzes anhält, lehrt sie nun, dass ›jeder eheliche Akt‹ von sich aus auf die Erzeugung menschlichen Lebens hingeordnet bleiben muss.«

Die Partner übertragen sich bei ihrer Eheschließung gegenseitig das Recht auf einen solchen sogenannten zeugungsoffenen Geschlechtsverkehr, und zwar auf Dauer. Wenn beide Partner oder einer zum Zeitpunkt ihrer Eheschließung für eine bestimmte Zeit, etwa weil sie sich erst um den Job kümmern möchten, Kinder ausschließen, dann gilt das Recht als nicht übertragen. Konsequente Empfängnisverhütung von Anfang an ist ein wichtiges Indiz dafür, dass tatsächlich ein Entschluss gegen Kinder vorhanden war. Kämen die Partner erst während der Ehe zu einem solchen Entschluss, wäre das unsittlich, aber für die Gültigkeit irrelevant. Um diese Feinheiten zu klären, wird also im Prozess genau nachgefragt.

Als das Urteil in Manfred Menzels Fall über zweieinhalb Jahre nach Prozessbeginn mit der Post kommt, ist die Lehrerstelle für seine Frau weg. Barbara Menzel lächelt. »Das Thema war für mich erledigt, als er von seiner Vernehmung nach Hause kam. Entweder nehmen sie mich, weil sie mich als Lehrkraft haben wollen, oder eben nicht. Vielleicht würde ich das anders sehen, wenn die Kinder noch klein wären und ich die Stelle zum Überleben dringend brauchte. Aber das ist nicht der Fall.«

Das Kirchengericht hatte im Fall ihres Mannes am Ende positiv entschieden: »Aus den vorliegenden Aussagen geht mit der erforderlichen Deutlichkeit hervor, dass der damals 21-jährige Kläger die Ehe mit der 17-jährigen Nichtklägerin nach einer näheren Bekanntschaft von nur einem halben Jahr nicht aus freier, überlegter Entscheidung schloss, sondern durch von außen eingeflößte, in seiner Situation als schwer zu bezeichnende Furcht. (…) Die vorbezeichnete Ehe bildet somit für beide Parteien kein kirchenrechtliches Hindernis mehr für eine neue Eheschließung.«

»Ich möchte gar nicht mehr kirchlich heiraten nach alldem«, sagt Barbara Menzel zum Schluss, »und auch nicht mehr in einer katholischen Einrichtung arbeiten. Da sind mir die staatlichen Schulen jetzt lieber.«

In beiden Fällen, dem von Manfred Menzel und dem von Stefan Förster, möchte sich das zuständige Bistum nicht zu der vorgebrachten Kritik äußern. Man gebe zu Personalangelegenheiten grundsätzlich keine Auskünfte, heißt es auf Nachfrage. Warum es sich auch in Manfred Menzels Fall in den Augen der Verantwortlichen um eine Personalangelegenheit dreht, erklären sie nicht.

An der Fakultät von Professor Thomas Schüller an der Universität Münster machen jedes Jahr fünf bis sieben Kirchenrechtler ihren Abschluss im kanonischen Recht, also im Spezialstudium mit der Befähigung zum kirchlichen Richteramt. Die Vernehmungen sind Teil des Studiums. Natürlich, so Professor Schüller, spielten Fragen zu Sexualität in Kirchenprozessen eine Rolle. Etwa wenn eine Partei angebe, immer schon gewusst zu haben, homosexuell zu sein, aber trotzdem kirchlich einen heterosexuellen Partner geheiratet zu haben. Hier sei aber bei den Vernehmungen nur das Notwendige zu erfragen. »Man sollte nur das fragen, was bezogen auf den angegebenen Ehenichtigkeitsgrund von Bedeutung ist. Zudem ist die Befragung sensibel und mit Respekt vor der Privatsphäre durchzuführen.« Parteien wie Zeugen müssten sich keine Fragen gefallen lassen, die sich permanent und oft sachfern auf Details im Sexualleben beziehen. »Sie können dementsprechend sagen: ›Nein, zu diesen Punkten werde und kann ich keine Aussagen machen.‹«

Und wenn das der Betroffene während der laufenden Vernehmung nicht wagt? Gab es angesichts der sehr intimen Inhalte nie die Überlegung zu mehr Überprüfbarkeit, mehr Kontrolle, im Notfall auch Schutz für die Betroffenen? Professor Schüller erklärt es so: »Bis 2015 gab es weltweit die Pflicht, ein zweites positives Urteil eines anderen kirchlichen Gerichts, einer weiteren Instanz, zu erhalten, damit man erneut kirchlich heiraten konnte. Diese gerichtliche Kontrolle funktionierte zumindest im deutschsprachigen Bereich gut.« Aber das habe der Papst nun zur Vereinfachung der Verfahren abgeschafft. »Ansonsten gibt es keine andere Kontrolle, und die Ehenichtigkeitsverfahren bleiben weiter nicht öffentlich und erfolgen in Schriftform.« Zudem sind die Prozesse eine rein kirchliche Angelegenheit, den Staat interessieren Ablauf und Ergebnis nicht. Die Verfassung sei aus gutem Grund mit Blick auf die deutsche Geschichte religionsfreundlich und gebe den Religionsgemeinschaften da einen Schutzraum.

Haben die Betroffenen auch einen Schutzraum? Was sagen die, die jede Woche selbst vernehmen, dazu? Können Sie Kritik an intimen Fragen nachvollziehen? Gibt es

eine Grenze? »Ich meine«, schreibt Kirchenrichter Wolfgang Strecker, »dass eigentlich jede Frage, die sich um den
zwischenmenschlichen Bereich Beziehung und Ehe dreht,
letztlich intim ist, berührt sie doch immer eine hochpersönliche Materie.« Und trotzdem sei es genau das, worum
es in einer Ehesache gehe. »Intime Fragen lassen sich also
überhaupt nicht vermeiden. Wenn wir intim jetzt enger
fassen, auf den sexuellen Bereich beschränken, ist dieser
Bereich in seiner Konkretheit in den allermeisten Verfahren von untergeordneter Bedeutung. Deshalb haben Fragen nach diesen Punkten in einer Anhörung zunächst
auch nichts zu suchen. Trotzdem ist es nun so, dass es sich
manchmal nicht vermeiden lässt, nach gewissen Punkten zu fragen.« Trage beispielsweise jemand vor, in einer
Ehe niemals Kinder gewollt zu haben, an Empfängnisverhütung jedoch ebenfalls nie gedacht zu haben, sei das erklärungsbedürftig und gebe zu denken. Da sei man dann
verpflichtet, nachzuhaken. »Um es aber ganz deutlich zu
sagen: Hier geht es allein darum, ein Indiz für oder gegen die Klagebehauptung zu betrachten.« Bevor man eine
solche Frage stelle, würde er sich als Untersuchungsrichter überlegen, ob es wirklich nötig sei. »Wenn man diesen
Punkt nicht mit Ja beantworten kann, sollte man davon
auch absehen, ansonsten sensibel formulieren und Fragen
geradeheraus stellen, ohne sich hinter albernen Floskeln
oder verklausulierter Sprache zu verstecken.« Katastrophal sei freilich, wenn beim Gegenüber der Eindruck aufkomme, eine solche Frage würde in moralisierender oder
gar in voyeuristischer Absicht gestellt. Wichtig sei, dass
das Gegenüber der Frage zumindest eine Sinnhaftigkeit

zuschreiben könne, auch wenn der konkrete Sachzusammenhang in der Situation nicht einleuchtet. »Ich versuche in jedem Fall stets, in allem, was den sexuellen Bereich angeht, große Sensibilität, Zurückhaltung und Vorsicht walten zu lassen. Die Grenze ist also ganz klar dort, wo die erfragte Information nicht zwingend für das Verfahren nötig ist. Außerdem ist es in jedem Stand eines jeglichen Verfahrens immer möglich, sich mit einer Beschwerde direkt an den Papst zu wenden.«

Es gebe, so sagt auch Professor Thomas Schüller, immer die Möglichkeit, etwaige Beschwerden über die Inhalte kirchenintern zu melden. Und seiner Meinung nach sei ebenso wichtig: »Immer dann, wenn das kirchliche Recht ins staatliche Recht hineinreicht, besteht ja auch der staatliche Rechtsschutz, und das ist gut so.«

Was passiert, wenn es zu diesem Punkt kommt? Wenn sich ein Kläger oder ein Zeuge durch die Verfahren in seinen weltlichen Rechten beschnitten fühlt? Dass kirchliche Arbeitnehmer staatliche Gerichte wegen Schwierigkeiten aufgrund des besonderen kirchlichen Arbeitsrechts anrufen, ist bekannt. Aber wie steht es mit dem staatlichen Rechtsschutz in den Eheprozessen? Zum Beispiel mit dem Persönlichkeitsrecht, das ein Grundrecht ist und den Schutz der Privat- und Intimsphäre umfasst? Was ist mit der Verletzung der Ehre? Ist es denkbar, einen Kirchengerichtsmitarbeiter anzuzeigen?

Elke Rogosky wird in ihrem Verfahren an diesen Punkt kommen.

Als sie im Sommer 2012 ihre Vernehmung hinter sich hat, sieht sie zunächst keinen Anlass, sich zu beschweren.

Die Dame sei ihr zugewandt gewesen, empathisch, freundlich, berichtet sie, das habe ihr die schwierigen Teile leicht gemacht.

»Ich habe meiner Vernehmungsrichterin erzählt, dass ich als letztes von vier Geschwisterkindern, als einziges Mädchen, mit drei Brüdern im Ruhrgebiet aufgewachsen bin, dass mein Vater immer schwer und hart gearbeitet hat, unter Tage, auch als Schneider, im Hafen. Dass sich meine Mutter als Kellnerin etwas dazuverdient, dass meine Familie nicht sorglos gelebt hat.« Sie habe außerdem berichtet, dass einer ihrer Brüder wegen einer Hirnhautentzündung, die er als Baby bekam, körperlich und geistig schwer behindert gewesen sei und sein Tod im Alter von sieben Jahren ihr Familienleben sehr geprägt habe. »Ich habe ihr gesagt, dass die Belastung damals sehr hoch für alle war – emotional und finanziell.«

Elke Rogosky hält inne. Sie sei sich doch nicht sicher, sagt sie, ob das, was nun komme, wirklich für die Öffentlichkeit bestimmt sein sollte. Sie wolle ihre Familie nicht belasten. Peter Otten schaut sie ruhig an. Elke Rogosky denkt nach. Doch, sagt sie nach einer Weile, das müsse sein, weil man sonst die Dramatik gen Ende des Verfahrens nicht verstehe. »Ich habe«, sagt sie zögerlich, »der Richterin auch berichtet, dass mein Vater irgendwann anfing, sehr viel zu trinken, dass er ein Alkoholiker war. Er musste deshalb immer wieder in die Klinik, ich habe ihn nur mit dieser Krankheit erlebt.« Mehrmals habe ihr Vater wegen seiner Alkoholsucht auch seinen Arbeitsplatz verloren, das habe ihre Kindheit unglaublich erschüttert.

Elke Rogosky verlässt ihr Elternhaus mit 17 Jahren. Sie beginnt eine Ausbildung zur Sozialversicherungsfachangestellten, verdient ihr eigenes Geld und bezieht eine eigene Wohnung. Sie heiratet mit 22, ihr Mann ist ein Arbeitskollege. Der Kölner Vernehmungsrichterin erzählt sie, was ihre Kindheit und Jugend mit ihrer Vorstellung von Beziehungen, von Partnerschaft zu tun habe. Sie sagt, dass ihr Vater, den sie sehr geliebt habe, ihre Mutter ja nicht als Alkoholiker geheiratet, sondern sich erst im Laufe der Ehe zu einem solchen entwickelt habe, dass die Ehe ihrer Eltern nicht nur glücklich verlaufen sei.

»Mir war durch meine Kindheit sehr klar, dass es bestimmte Entwicklungen im Leben von Menschen gibt, die es fast unmöglich machen, mit ihnen zusammenzubleiben oder eine Ehe aufrechtzuerhalten. Und ich meine, dann muss man sich trennen und neu heiraten dürfen, und dann ist die Ehe für mich eben nicht unauflöslich.« Auch ihre Mutter habe zweimal ernsthaft überlegt, sich von ihrem Vater scheiden zu lassen, sei dann aber am Ende doch bei ihm geblieben. »Meine Mutter hat nie einen Beruf gelernt und nie genug eigenes Geld verdient, und deshalb hat sie diesen Schritt nicht gewagt. Es war immer mein Ziel, wirtschaftlich unabhängig zu sein«, erzählt Elke Rogosky. Deshalb habe sie auch Kinder nur unter bestimmten Bedingungen bekommen wollen. »Mir ist finanzielle Freiheit sehr wichtig gewesen, und ich wollte sie für eine Familiengründung nicht aufgeben. Ich habe mich nie in ein Abhängigkeitsverhältnis begeben wollen.« Deshalb habe sie verhütet, sich um ihre Karriere gekümmert. »Die Arbeit war mein Leben, kein Gedanke an Kinder.«

Wie genau sie verhütet, wie sich ihr Sexualleben als Paar in der Ehe gestaltet habe – Elke Rogosky beantwortet alle Fragen. »Ich hatte erst einmal das große Glück«, erzählt sie, »dass nicht nur ich, sondern auch mein Exmann in dem Verfahren ausgesagt hat, der zum Beispiel zum Thema Verhütung auch als direkt Beteiligter berichten konnte.« Elke Rogosky schüttelt den Kopf, sucht nach einer anderen Formulierung. Peter Otten springt ein: »Diese Bilder, die dann im Kopf entstehen, sind einfach schrecklich. Ich sitze zu Hause und weiß, gerade werden da solche Fragen gestellt. Das ist natürlich zum einen schlimm, weil ich emotional mitfühle, zum anderen, weil ich selbst Vertreter dieser Institution bin. Ich muss das ja eigentlich richtig finden, dafür werde ich ja bezahlt.« Er habe das Schlimme, das Entwürdigende daran erst verstanden, als er es selbst aus der Nähe erlebt habe.

Zwei Stunden dauert Elke Rogoskys Gespräch. Eine Gerichtsnotarin protokolliert, ihre Aussage wird ihr vorgelesen, sie unterschreibt und schwört auf die Bibel, dass sie die Wahrheit gesagt habe und keinem der anderen Prozessbeteiligten während des laufenden Verfahrens von dieser Vernehmung berichten werde. Das Protokoll dieses Tages geht als »Geständnis der Klägerin« in die Unterlagen ein.

»Nein, richtig unangenehm war das für mich nicht.« Elke Rogosky denkt einen Moment nach, bevor sie ergänzt: »Das sind die Themen und die Regeln. Entweder sagt man etwas dazu oder man lässt das Verfahren sein. Ich konnte ja nicht wissen, was die nachher daraus machen!« Peter Otten senkt den Blick. Es wird nach Elke Rogoskys Vernehmung im Sommer 2012 ein Jahr dauern, bis das Kölner Offizialat sich wieder bei ihr meldet.

Genau in dieser Zeit wird an einem anderen katholischen Kirchengericht, in Berlin, ein Prozess geführt, von dem ganz Deutschland erfährt. Es ist ein kirchliches Strafverfahren. Diese machen nur einen kleinen Prozentsatz der Kirchenprozesse aus, aber seit dem Missbrauchsskandal 2010 im Berliner Gymnasium Canisius-Kolleg finden auch sie vermehrt an den deutschen Offizialaten statt – gegen mutmaßliche Missbrauchstäter aus den eigenen Reihen.

Es ist ein Exkurs in eine Welt, die noch abgeschlossener ist als die der Eheprozesse.

10.

Wenn Priester über Priester richten

Die kirchlichen Strafverfahren

Bis Peter R. die Tür zu seiner Anderthalbzimmer-Miet-
wohnung in Berlin-Steglitz einen Spaltbreit öffnet, dauert
es eine Weile. Der 74-jährige pensionierte Pfarrer sitzt im
Rollstuhl. Er habe einen leichten Schlaganfall gehabt, ansonsten gehe es ihm gut, sagt er. Hinter ihm deutet sich im
Halbdunkel ein zitronengelbes Schlafsofa an. Eigentlich
möchte er niemanden hereinlassen.

Peter R. ist mutmaßlich einer der schwersten Missbrauchstäter der katholischen Kirche in Deutschland. Über
einhundert Kinder soll er in den vergangenen vierzig Jahren
missbraucht haben. Die ersten seiner Schüler meldeten sich
bereits Anfang der Achtzigerjahre am Berliner Gymnasium
Canisius-Kolleg, das letzte Kind gab sich 2010 zu erkennen.
Es ist eine Schülerin aus Hildesheim. Wie sie heißt, soll hier
nicht erwähnt werden. Aber es ist dieser Name, der Peter R.
die Tür doch ein Stück weiter aufmachen lässt. Ihretwegen
hat der Pfarrer gerade ein Strafverfahren hinter sich, geführt
von der katholischen Kirche in Berlin. Das Urteil: schuldig,
wegen »sexueller Handlungen an einer Minderjährigen«.

Nein, vor einem staatlichen Gericht sei er bislang nie befragt worden, sagt Peter R., und ja, dazu könne er mehr erzählen. Er bittet herein.

Weltweit führt die katholische Kirche nicht nur Eheprozesse, sondern auch eigene Strafprozesse durch. »Es ist«, so steht es in Canon 1311 des kirchlichen Gesetzbuchs, »das angeborene und eigene Recht der Kirche, straffällig gewordene Gläubige durch Strafmittel zurechtzuweisen.« Das sei, so heißt es in Canon 1341 weiter, allerdings nur dann nötig, wenn eine Ermahnung, ein Verweis oder andere pastorale Bemühungen nicht ausreichen, um das entstandene Ärgernis zu beheben, die Gerechtigkeit wiederherzustellen und den Täter zu bessern. So kommen kirchliche Strafprozesse in der Regel nur dann vor, wenn Geistliche besonders schwerwiegend gegen ihre Amtspflichten verstoßen haben – wie in Fällen sexuellen Missbrauchs Minderjähriger.

Lange hat es solche internen Strafverfahren hierzulande kaum gegeben. Peter R. ist 2012 einer der ersten Pfarrer, deren Fälle behandelt werden. Erst als 2010 und in der Zeit danach zahlreiche Missbrauchsfälle öffentlich werden, beginnt die katholische Kirche diese Verfahren regelmäßig in Deutschland zu führen. Die Offizialate bekommen neben den Eheverfahren damit eine neue Aufgabe. 18 der 22 Bistümer mit eigenem Kirchengericht melden auf Nachfrage, dass sie für die Jahrzehnte vor 2010 nur von etwa sechs konkreten Strafverfahren überhaupt Kenntnis hätten. In den Jahren 2010 bis 2015 seien hingegen bereits gegen mindestens neunundzwanzig Missbrauchstäter

Strafurteile und -dekrete erlassen worden; weitere Voruntersuchungen und Prozesse liefen.

Die katholische Kirche beansprucht also Gerichtshoheit in Bezug auf kirchliche Strafsachen. Dies ist nach deutschem Recht mit Verweis auf das kirchliche Selbstbestimmungsrecht zulässig – allerdings auch hier innerhalb der Schranken der für alle geltenden Gesetze. Wie funktioniert dieses Nebeneinander der beiden deutschen Strafrechtssysteme, des kirchlichen und des staatlichen?

Klar ist, die Geschichte des kirchlichen Strafrechts ist auch eine Geschichte des schwierigen Verhältnisses der Kirche zur staatlichen Strafgewalt. Bereits im vierten Jahrhundert nach Christus gab es in der Kirche Regeln, wonach ausschließlich kirchliche Gerichte für die Verfehlungen von Klerikern zuständig waren. Auch im Mittelalter war es ein Rechtsprivileg der Kirchenmänner, weder bei zivilrechtlichen noch bei strafrechtlichen Verfehlungen vor ein weltliches Gericht zitiert werden zu können. Sie hatten das Recht auf eine exklusive kirchliche Gerichtsbarkeit. Es ziemte sich nicht, dass Laien über Kleriker zu Gericht sitzen. Die Kirche entschied souverän, ob sie einen Schuldigen anschließend der staatlichen Gewalt zur Bestrafung auslieferte. Dieses Privileg hat, von der Kirche zäh verteidigt, einige Jahrhunderte überdauert. Noch 1917, also zu einer Zeit, in der die kirchliche Sonderstellung immer weniger akzeptiert wurde und in den neuzeitlichen Staaten bereits die Auffassung galt, dass alle Menschen vor dem Gesetz gleich sind, hat die katholische Kirche diesen Anspruch in ihrem Gesetzbuch, im ersten *Codex des kanonischen Rechts,* noch einmal grundsätzlich erneuert.

Erst infolge des Zweiten Vatikanischen Konzils, das von 1962 bis 1965 dauerte, einigte man sich darauf, die staatliche Gerichtsbarkeit auch grundsätzlich für Geistliche anzuerkennen. Am eigenen Strafanspruch hält die Kirche aber weiterhin fest. Zwar gibt es auch in der evangelischen Kirche eine Disziplinarordnung. Eine eigene Strafjustiz jedoch, die nach eigenem Verständnis parallel neben die staatliche tritt, hat nur die katholische Kirche. Sie gilt für alle Katholiken weltweit.

Bereits 1922 wurden für Sexualdelikte von Klerikern eine Reihe von Sondervorschriften erlassen. Hier ging es um die besonders heikle Situation der sogenannten Verführung im Zusammenhang mit einer Beichte. Die Regelungen galten allerdings auch im Falle sexueller Handlungen von Klerikern mit Kindern, Männern oder Tieren. Wie sensibel diese für die Kirche waren, zeigt allein der Umgang mit den entsprechenden Gesetzestexten.

Schon die Instruktion von 1922 unterlag strenger Geheimhaltung, wurde nicht veröffentlicht und jeweils nur an jene Bischöfe gesandt, die damals konkrete Fälle zu behandeln hatten. Die Verfahren selbst wurden der besonderen Kontrolle des Heiligen Offiziums, der obersten Glaubensbehörde unter Vorsitz des Papstes, unterstellt. Eine leicht geänderte Fassung dieser ersten Instruktion trat 1962 in Kraft. Auch sie war nie allgemein zugänglich, wurde vom Apostolischen Stuhl nur unter höchster Geheimhaltung an die Bischöfe versandt und durfte ausschließlich im sogenannten Geheimarchiv der jeweiligen bischöflichen Kurie aufbewahrt werden.

Die nächste Überarbeitung wurde 2001 fertiggestellt, und auch sie wurde nicht im Gesetzblatt des Heiligen Stuhls veröffentlicht. 2003 wurden die Vorschriften durch Recherchen amerikanischer Journalisten erstmals öffentlich. Erst seit 2010 sind sie auf der Internetseite des Vatikans einsehbar – genau wie die aktuellen Normen für schwerwiegende Straftaten.

Im kirchlichen Strafprozess ermitteln bis auf seltene Ausnahmen ausschließlich Priester mit kirchenjuristischer Vorbildung. Sie vernehmen Täter und Opfer. Die Priester sind Aufklärer, Ankläger und schließlich Richter. Auch die Ämter der Anwälte und der Notare werden von Priestern besetzt. Das Strafgericht ist wie das Ehegericht ein abgeschlossenes System, die Transparenz eines staatlichen Strafverfahrens, gar eine öffentliche Verhandlung, gibt es nicht. Man nimmt für sich das Recht in Anspruch, Straftaten bis zu einem gewissen Punkt unabhängig von der Staatsgewalt intern zu verfolgen. Das Problem: In diesem Bereich gibt es, anders als bei den Ehenichtigkeitsverfahren, direkte Konkurrenz auf der weltlichen Seite. In vielen dieser Fälle handelt es sich um Vergehen, die auch nach staatlichem Recht zu belangen sind, solange sie nicht verjährt sind. Die Verfahren berühren das staatliche Interesse an der strafrechtlichen Verfolgung von Missbrauchstätern, unabhängig davon, ob sie Geistliche sind oder nicht.

Die Kirche bezeichnet diese Fälle als sogenannte gemischte Angelegenheiten. Was passiert, wenn es zu Überschneidungen mit dem staatlichen Strafverfolgungsapparat kommt? Wie gut funktioniert das Nebeneinander?

Funktioniert es überhaupt? Ist es mit moderner Rechts-
staatlichkeit vereinbar? Die Frage, wo die Risiken dieser
kirchlichen Paralleljustiz liegen, beantwortet der Fall von
Pfarrer Peter R.

Die Öffentlichkeit erfährt von ihm erstmals im Januar 2010. Damals erzählen seine ehemaligen Schüler vom
Berliner Jesuiten-Gymnasium Canisius-Kolleg nach Jahrzehnten des Schweigens vor aller Welt von seinen Taten.
Die Männer, alle um die 40 bis 50 Jahre alt, berichten, dass
Peter R. sie als Kinder anfasste, zur Selbstbefriedigung nö-
tigte, dass sie sich dabei auf seinen Schoß setzen mussten.
Am Ende liegen nach Angaben der Betroffenen über einhundert Meldungen ehemaliger Schüler vor. Auch an den
anderen Wirkungsstätten von Pfarrer R. gibt es Hinweise
auf Missbrauch – in Hildesheim, in Göttingen.

In den folgenden Wochen und Monaten werden weitere Missbrauchstäter enttarnt, etwa am Aloisiuskolleg in
Bonn, im Kloster Ettal, bei den Regensburger Domspat-
zen, es geht um Pfarrer, Priester, Patres und Lehrer an
christlichen Schulen. Es wird laut in Deutschland im Frühjahr 2010, die Presse schreibt von einem »Skandal«, von
systematischem Missbrauch in der Kirche, der jahrzehntelang unentdeckt blieb.

Peter R. flieht in dieser Zeit aus seiner Wohnung. Er sagt
den Journalisten, die auf der Straße schon auf ihn warten,
er sei unschuldig. Dann verreist er. Die öffentliche Empörung ist riesig. Alle warten auf eine Reaktion der Kirche und auch der staatlichen Behörden. Was sagen Polizei und Staatsanwaltschaft? Da sei leider nichts zu machen,
vermeldet der Berliner Staatsanwalt Martin Steltner am

8. Februar 2010 im Fall des Canisius-Kollegs, knapp vier Wochen nach den ersten Meldungen. Es werde keine Ermittlungen gegen Peter R. geben. Die Fälle seien verjährt, es gebe keine Chance, diesem Mann noch juristisch beizukommen, dazu brauche man Hinweise auf aktuelle Fälle. Die ehemaligen Schüler sind schockiert. Und die Kirche? Schweigt. Widerspricht den Behörden nicht – auch nicht, als man bald intern ganz andere Informationen hat.

Um die Dramatik dieses Falls zu verstehen, lohnt es sich, Peter R.s Werdegang genauer zu betrachten. 1941 in Berlin geboren, wurde Peter R. zunächst Pater der Jesuiten und war als solcher zehn Jahre lang, von 1972 bis 1982, Religionslehrer und Leiter der Jugendarbeit am Berliner Gymnasium Canisius-Kolleg. Bereits 1981 bekamen seine Vorgesetzten zum ersten Mal einen Hinweis darauf, dass an seinem Umgang mit den ihm anvertrauten Schülern etwas nicht stimmte. Am 28. Mai 1981 erreichte die Ordensleitung der Jesuiten ein sorgfältig mit der Schreibmaschine getippter Brief, unterschrieben von elf Schülern Peter R.s. Sie schreiben darin, die kirchliche Jugendarbeit an ihrer Schule sei für sie lediglich eine »der äußeren Ablenkung oder Verblendung dienende Fassade«. Die Kinder und Jugendlichen erzählen von »bedrückenden Missständen«, dass Peter R. versuche, die »Sexualität Einzelner gezielt zu steuern und zu beeinflussen«. Sie schreiben, dass homosexuelle Jugendliche »schwerwiegenden Belastungen ausgesetzt« seien.

Die Ordensleitung der Jesuiten entscheidet sich zu handeln und beginnt mit dem ersten Schritt eines langen Weges, der Peter R. vor Strafverfolgung schützen wird: Die

Jesuitenpater versetzen Peter R. an einen anderen Ort, weit weg – nach Göttingen. Niemand geht den konkreten Vorwürfen nach, niemand holt Hilfe, niemand informiert die staatlichen Behörden.

In Göttingen arbeitet Peter R. wieder mit Jugendlichen – als Jugendseelsorger der Jesuiten, von 1982 bis 1989. Dort ahnt keiner etwas von seiner Vorgeschichte, so sagt es sein damaliger Chef heute, sie seien schlicht nicht informiert worden. Allerdings habe es in dieser Zeit einen merkwürdigen Vorfall gegeben: 1986 wird der Pater in seinem Sprechzimmer von einem jungen Mann mit einem Schraubenzieher angegriffen. Eine Sekretärin habe damals berichtet, dass Peter R. blutend aus dem Raum gelaufen sei. Als sie die Polizei rufen wollte, habe der Pater abgelehnt. Man wisse nicht mehr über diesen Vorfall, als dass der Täter angeblich ein früherer Canisius-Schüler gewesen sein soll, sagt sein damaliger Chef. Konsequenzen hatte der Vorfall nicht.

1988 geht Peter R. für ein halbes Jahr nach Mexiko. In dieser Zeit wird er beschuldigt, in Göttingen ebenfalls Jugendliche sexuell belästigt zu haben; die Nachricht erreicht auch seine Vorgesetzten. Die Konsequenz des Jesuitenordens: Der Pater wird nach seiner Rückkehr abermals versetzt, von Göttingen nach Hildesheim. Peter R. bittet daraufhin, so schreibt Alfons Höfer, der ehemalige Provinzial der Norddeutschen Provinz der Jesuiten, in einer Stellungnahme 2010, um seine Exklaustration aus dem Orden. »Die Diözese Hildesheim wurde von mir darauf hingewiesen, dass ich einen Einsatz von Peter R. in der Jugendarbeit für unverantwortbar hielt. Peter R. wurde dann zunächst für zwei Jahre in die Diözese aufgenommen und ihm wurde die Pfarrei Guter Hirt in Hildesheim anvertraut. Von dort habe ich keine negativen Informationen über ihn mehr erhalten. Er hat sich dort offenbar keiner weiteren Übergriffe schuldig gemacht.« Peter R. wird vom Bistum Hildesheim als Pfarrverwalter in der katholischen Gemeinde eingesetzt. Weitere vier Jahre später, 1993, wird jedoch der nächste Zwischenfall gemeldet, kircheninternintern: Die Mutter eines jungen Mädchens wendet sich an den damaligen Bischof von Hildesheim, Josef Homeyer. Sie gibt an, Peter R. habe ihre 14-jährige Tochter unsittlich berührt. Die Konsequenz: Der Bischof verbietet Peter R. die aktive Jugendarbeit. Peter R. aber bleibt in der Gemeinde, die Mutter verzichtet auf eine Anzeige, niemand informiert die Behörden. Ob er sich an das Verbot hält, wird nicht überprüft, Peter R. führt seine Jugendarbeit fort. Ab 1995 arbeitet Peter R. trotz dieses Hinweises als ordentlicher Pfarrer im Bistum Hildesheim, bis 1997 der nächste Vorwurf wegen sexueller Belästigung im Raum steht. Es soll nicht der letzte bleiben. Peter R. wird in den folgenden Jahren erst nach Wolfsburg, von dort weiter nach Hannover versetzt, dann zieht er nach Berlin. 2003 geht der Pfarrer schließlich frühzeitig in Rente, aus gesundheitlichen Gründen, heißt es. Es wird ruhig um ihn, bis 2010. Da entscheiden sich seine ehemaligen Schüler aus den Achtzigerjahren, ihr Wissen öffentlich zu machen. Einer beginnt, sie nehmen Kontakt miteinander auf, es werden mehr und mehr. Pater Klaus Mertes, der damalige Leiter des Canisius-Kollegs, schreibt einen viel beachteten Brief an alle Betroffenen, die Lawine rollt, die Zeitungen sind auf einmal voll mit Bildern von Peter R.

Je mehr Schüler sich melden, umso mehr gerät in diesem Jahr, 2010, auch das Versagen der Institution Kirche in den Fokus. Wie konnte das alles drei Jahrzehnte lang unentdeckt bleiben? Warum wurde der Pfarrer nie angezeigt, nie enttarnt, nie bestraft? Warum nur versetzt? Welche Verantwortung tragen die Vorgesetzten?

»In der Vergangenheit«, erklärt der Bonner Kirchenrechtler Norbert Lüdecke, »haben in vielen Ländern die Verantwortlichen innerhalb der Orden und der Diözesen, man muss es so deutlich sagen, eine Strategie des Verschweigens und Vertuschens favorisiert.« Hinweisen auf sexuellen Missbrauch sei man meist nur halbherzig nachgegangen, obwohl diese oft eindeutig und nicht zu ignorieren gewesen seien. »Man informierte weder kirchliche Autoritäten noch staatliche Behörden. Auch an der vollständigen Klärung des Sachverhalts waren Bischöfe offenbar nicht interessiert.« Oft sei das Modell Therapie und/oder Versetzung zum Einsatz gekommen. »Die Opfer wurden zudem nicht angemessen gehört oder ihnen wurde nahegelegt, die Angelegenheit nicht öffentlich zu machen.« Vielfach seien Entschädigungen nur gegen Schweigeverpflichtungen gezahlt worden.

Wer nach Erklärungen für dieses Vorgehen sucht, stößt auf die spezifisch hierarchische Struktur der Kirche. Es gebe, so erläutert Norbert Lüdecke, in der kirchlichen Hierarchie keine Pflicht zur Rechenschaft »nach unten«. »Der Papst muss nur Gott gehorchen, der Bischof dem Papst, der Pfarrer dem Bischof. Auf die Gemeinde muss niemand hören.« Das mache es den Autoritäten auch strukturell einfacher, bestimmte Vorgänge nicht offenzulegen und Anlässe für konkrete Maßnahmen nicht aufzudecken. »Die Entscheidung darüber, wer zu welchem Zeitpunkt was erfährt, liegt im Ermessen weniger Männer.« Innerhalb eines kleinen Zirkels von Entscheidungsträgern sei es leichter, unangenehme Wahrheiten diskret zu halten. Vielleicht erkläre sich auch die schockierende Empathielosigkeit gegenüber den Opfern aus dieser Kombination von absoluter Loyalität nach oben und fehlender Verantwortung nach unten.

Kirchenrechtlich gesehen, erklärt Norbert Lüdecke, bildeten die Kleriker den Führungsstand der Kirche. Sowohl als Bischof als auch als einfacher Priester nehme man nach dem Verständnis der Amtskirche eine Führungs- und Vorbildrolle ein. »Anders gesagt: Es gibt so etwas wie die Standeskultur einer geistlichen Elite. Das kann sich auf die Persönlichkeit auswirken. Da kann das Eingeständnis eines gravierenden und speziellen Versagens psychologisch als nur schwer hinnehmbarer Gesichtsverlust empfunden werden. Außerdem steht und fällt die Kirche nach ihrer Überzeugung mit den Klerikern.« Das Image der Kirche hänge wesentlich am Ruf dieser durch die Weihe zu Repräsentanten Christi gemachten Männer. »Schutz der Kleriker ist Schutz der Kirche.«

In einer »geschichtlichen Einführung« zum Umgang der Kirche mit Sexualdelikten von Klerikern, welche die Kongregation für die Glaubenslehre auf den Internetseiten des Vatikans zusammengestellt hat, findet sich zu diesem Thema ein weiterer Erklärungsversuch: »Häufig herrschte beim Umgang mit unangebrachten Verhaltensweisen von Klerikern« – so schreibt man und meint damit den sexuellen Missbrauch an einem Kind – »ein ›therapeutisches Modell‹ vor.« Man erwartete, dass der Bischof eher »heilen« als »bestrafen« sollte, und habe deshalb vor Ort eine »pastorale Herangehensweise« bevorzugt. Weiter heißt es: »Eine allzu optimistische Vorstellung in Bezug auf Erfolge psychologischer Therapien bestimmten viele Personalentscheidungen in den Diözesen und Ordensgemeinschaften, bisweilen wurde dabei die Möglichkeit eines Rückfalls nicht in entsprechender Weise bedacht.«

Das Entsetzen ist groß, als die Verbrechen schließlich doch an die Öffentlichkeit gelangen. Bereits in den Achtzigerjahren erschütterte eine erste Missbrauchswelle in den USA die katholische Kirche. Zunächst als regionales Problem verharmlost, kamen in den Neunzigerjahren auch zahlreiche Fälle in europäischen Ländern ans Licht: 1994 in Irland, 1995 in Österreich, 1997 in Belgien, 2000 in Frankreich, 2001 in England. Die anhaltende Diskussion um die passive Haltung der Bischöfe lenkt den Blick innerkirchlich auf die Möglichkeiten der eigenen Strafjustiz und veranlasst Papst Johannes Paul II. im Frühling 2001, mit einem besonderen Gesetz, einem *Motu Proprio*, die bestehenden Strafrechtsnormen für schwerwiegende Straftaten zu verschärfen. Der Papst entzieht den Diözesanbischöfen auf der ganzen Welt die Möglichkeit zur selbstständigen Durchführung von Strafverfahren und bündelt sie bei der Kongregation für Glaubenslehre. Der Gerichtshof in Rom ist nun die zentrale Instanz in diesen Fällen, mittels dieser zentralistischen Organisation will man mehr Kontrolle über die Strafverfahren bekommen, Vertuschung verhindern. Ebenso wird 2001 die Altersgrenze für Sexualdelikte an Minderjährigen von 16 auf 18 Jahre erhöht und die kirchenstrafrechtliche Verjährungsfrist von fünf auf zehn Jahre verlängert, sie beginnt erst mit der Volljährigkeit des Opfers.

Als 2010 der Missbrauchsskandal in Deutschland beginnt, verschärft der damalige Papst, Benedikt XVI., die Bestimmungen noch ein weiteres Mal. Er erhöht die Verjährungsfrist auf 20 Jahre, sie kann in schwerwiegenden Einzelfällen sogar ganz aufgehoben werden. Außerdem stellt der Papst nun auch den sexuellen Missbrauch von Personen mit geistiger Behinderung auf eine Stufe mit dem Kindesmissbrauch und fügt einen neuen Straftatbestand ein: den Erwerb, die Aufbewahrung und die Verbreitung pornografischer Bilder von Minderjährigen unter 14 Jahren in jedweder Form und mit jedwedem Mittel durch einen Kleriker in »übler Absicht«.

»Es kann nicht geleugnet werden, dass einige von Euch und Euren Vorgängern«, schreibt Papst Benedikt im März 2010, bezogen auf die Missbrauchsfälle in Irland, »bei der Anwendung der seit Langem bestehenden Vorschriften des Kirchenrechts zu sexuellem Missbrauch von Kindern bisweilen furchtbar versagt haben.«

Eine Besonderheit zieht sich allerdings durch die gesamte Geschichte: Die Verfahren unterliegen bis heute dem »päpstlichen Geheimnis«, einer strikten kircheninternen Geheimhaltungspflicht, deren Verletzung unter Strafe steht. Nur das Beichtgeheimnis ist noch strenger.

Auf die Frage, wie man sich, was die brisanten Informationen betrifft, den staatlichen Behörden gegenüber verhalten soll, gehen die aktuellen Vorschriften von 2010 an keiner Stelle ein, man widmete sich allein dem kirchlichen Strafverfahren und seiner Verschärfung. Zur Erklärung gibt man an: Das Kirchenrecht sei universal, gelte weltweit. In Deutschland könne man vielleicht zu einer Kooperation mit den staatlichen Behörden raten, in anderen Ländern sicher nicht. Man empfehle daher, was diesen Straftatbestand und die Kooperation mit den weltlichen Behörden betrifft, sich an die geltenden Gesetze des jeweiligen Landes zu halten.

In Deutschland geht es in dieser Zeit, 2010, um die Frage, ob sich die »Täter hinter den Tätern«, wie der Spiegel die kirchlichen Vorgesetzten in den bekannt gewordenen, lange vertuschten Missbrauchsfällen nennt, überhaupt im Einklang mit geltenden staatlichen Gesetzen bewegten und bewegen.

Die damalige Bundesjustizministerin Sabine Leutheuser-Schnarrenberger gerät Ende Februar 2010 mit dem damaligen Vorsitzenden der Deutschen Bischofskonferenz Robert Zollitsch in Streit. Sie bezweifelt öffentlich, dass die Kirche angemessen mit den staatlichen Strafverfolgungsbehörden kooperiere, wenn es um Straftäter aus den eigenen Reihen gehe. Die Justizministerin wirft der Kirche vor, nicht konstruktiv mit dem Staat zusammenzuarbeiten. Auf den Vorhalt, dass die aktuellen Leitlinien der Kirche vorsehen, zuerst interne Voruntersuchungen einzuleiten, sagt sie: »Dann muss es eben andere Richtlinien geben.« Erzbischof Robert Zollitsch schäumt: Noch nie habe es in der

Politik eine ähnlich »schwerwiegende Attacke auf die katholische Kirche« gegeben. Er nennt die Äußerungen der Ministerin »undifferenziert und emotional« und fordert eine Entschuldigung. Die Kirche erwarte, dass sie das Gesagte innerhalb von 24 Stunden zurücknehme. Leutheusser-Schnarrenberger unterstelle damit der katholischen Kirche implizit Strafvereitelung, kritisiert nicht nur der Erzbischof. Bundeskanzlerin Angela Merkel versucht, in einem Telefonat die Wogen zu glätten, und die Bundesjustizministerin räumt ein, dass auch sie einen Fehler gemacht habe, da eine Anzeigepflicht bei sexuellem Missbrauch so nicht bestehe, die Kirche also nicht verpflichtet sei, Missbrauchsfälle zu melden, wenn die Betroffenen das nicht wollten. Sie sei aber für eine Änderung dieser Praxis. Robert Zolltisch nimmt das Ultimatum zurück. Es ist der 23. Februar 2010.

Viele namhafte Kirchenvertreter beteiligen sich in diesen Wochen an der Debatte. Die Botschaft ist eindeutig: In der Kirche wiege Missbrauch besonders schwer, weil es ein besonderes Vertrauen von Kindern und Jugendlichen in die Priester gebe und zumal eine solche Straftat in einer Institution geschehe, die sich regelmäßig mit moralischen Bewertungen in gesellschaftliche Diskurse einschalte. Es dürfe keine Toleranz mehr gegenüber den Tätern geben, nie Täterschutz vor Opferschutz, keine Vertuschung von Missbrauchsfällen wie im Fall Peter R., man sei mehr als bereit zur Kooperation, Verdacht sei ein juristischer Begriff, und da sei die Staatsanwaltschaft zuständig. Auch Bischöfe sprechen sich wie viele andere für eine juristische Meldepflicht bei jedem Verdacht auf sexuellen Missbrauch Minderjähriger aus. Der Bischof von Hildesheim, Norbert Trelle, der mit seinem Bistum für Peter R. als Pfarrer in Rente personalverantwortlich ist, lässt ebenfalls im Februar 2010 in den Gottesdiensten einen Brief verlesen, in dem er alle Opfer eines sexuellen Missbrauchs durch Geistliche im Bistum Hildesheim bittet, sich zu melden – Aktion statt Reaktion.

Und während die Zeitungen all diese Worte, Bekenntnisse und Aufforderungen drucken, passiert kurz darauf im Bistum Hildesheim unter Ausschluss der Öffentlichkeit Folgendes: Am 4. März 2010 bittet ein 14-jähriges Mädchen in Begleitung seiner Lehrerin den damaligen Missbrauchsbeauftragten und Personalreferenten des Bistums, Heinz-Günter Bongartz, um ein Gespräch. Das Mädchen, vielleicht heißt es Anna, geht in Hildesheim in die neunte Klasse der katholischen Realschule. Es gehe um einen nicht verjährten Missbrauch, sagt ihre Lehrerin, der Täter sei kein Unbekannter.

Am Vormittag dieses 4. März sitzt Anna in der ersten Reihe des Klassenzimmers. Sie folgt dem Unterricht nicht, weil sie sich mit ihrer Freundin unterhält. Sie sprechen über das, was gerade in den Zeitungen steht, über Pfarrer Peter, einen guten Freund von Annas Großeltern, bei denen sie lebt, seit sie fünf Jahre alt ist, weil ihre noch sehr junge Mutter mit ihrer Erziehung überfordert war.

»Onkel Peter« hat Anna getauft, er war immer da. Längst ist er nicht mehr Pfarrer in Hildesheim, aber er kommt auch 2010 noch regelmäßig zu Besuch. Anna will unbedingt wissen, was die Nachrichten über ihn sagen, denn ihre Großeltern halten sie in diesen Tagen von den Informationen fern. In den Zeitungen zu Hause sind Löcher, die Artikel über Peter R. hat Annas Großmutter ausgeschnitten. Je mehr Anna von ihrer Freundin erfährt, umso weniger kann sie am Unterricht teilnehmen. Ihrer Religionslehrerin Claudia Otto fällt das auf. »Wir hatten ganz normalen Religionsunterricht, nichts zum Thema Missbrauch oder in diese Richtung, und plötzlich fragte Anna mich, ob sie mich mal sprechen könne.« Sie erinnert sich, dass sie Anna daraufhin erwartungsvoll angeblickt habe. Nein, habe das Mädchen gesagt, nicht hier, lieber draußen vor der Tür. »Und dann sagte sie mir, Peter R. sei auch ihr zu nahegekommen.«

Anfang Februar 2010 hatte die Staatsanwaltschaft Berlin bekannt gegeben: Alle Taten von Peter R., dem mutmaßlichen Haupttäter im Fall des Berliner Gymnasiums Canisius-Kolleg, seien verjährt, es gebe keinerlei Hinweise, dass der inzwischen 68-Jährige noch immer Verbrechen begehe, keine aktuellen Fälle, die ein Ermittlungsverfahren rechtfertigen würden – da meldet sich im März die 14-jährige Anna in Hildesheim.

Religionslehrerin Claudia Otto ist die Dimension direkt bewusst: »Ich habe meinem Direktor Bescheid gesagt, dass ich jetzt den Unterricht verlasse, und ich habe eine Vertretung angefordert.« Dann habe sie ihren Mann angerufen und ihn gebeten, sofort einen Termin für sie zu machen, beim Erzbistum, schließlich habe er Beziehungen.

Wilfried Otto war vor seiner Pensionierung Diakon in der Hildesheimer Gemeinde Guter Hirt und, größer könnte der Zufall kaum sein, Peter R.s Nachfolger.

Als Wilfried Otto die Stelle in der Pfarrei von Peter R. angeboten wird, muss er sich innerhalb weniger Tage entscheiden. Das Bistum hat es eilig. Nach dem Hinweis auf erneuten Missbrauch soll er fort, in eine andere Gemeinde, nach Wolfsburg. Wilfried Otto überlegt kurz und sagt die Stelle zu. Und damit auch: Stillschweigen. Heute ist er in Rente und spricht offen darüber, wie seine Kirche damals vorgegangen ist: »Am Anfang der Woche ist der Bischof informiert worden, und am nächsten Wochenende wollte er bekannt geben, dass dieser Pfarrer weg ist, und das wollte er nicht ohne Nachfolger. Er wollte sagen: ›Der geht, und es wird dafür der kommen.‹« Die Missbrauchsvorwürfe hätten nicht an die Öffentlichkeit gesollt. »Man hat damals gesagt, wenn einer auffällig geworden ist, muss er in eine Therapie, und dann gucken wir, wo wir ihn neu einsetzen können. Bei einem anderen weiß ich, dass man ihn in ein Altenheim geschickt hat. Der hat sich also um alte Menschen gekümmert. Und der hat das auch sehr gut gemacht! Die waren richtig glücklich und da ist nie wieder was gewesen.«

Wilfried Otto erzählt, dass er nach Peter R.s Weggang kaum mehr an den Pfarrer gedacht habe, bis 2010 der Missbrauchsskandal um ihn entbrannte und bis zu jenem Anruf seiner Frau. Er traut an jenem 4. März 2010 seinen Ohren nicht: »Meine Frau hat mich angerufen und gesagt: ›Setz dich mal irgendwohin, wo keiner zuhört, und dann muss ich dir erzählen, wer gerade zu mir gekommen ist.‹ Das war schon ein Schlag.« Wilfried Otto entscheidet sich zu handeln. Doch statt bei Annas Familie oder der Polizei ruft er bei seinem ehemaligen Arbeitgeber an, der Kirche. »Ich habe dem Missbrauchsbeauftragten Heinz-Günter Bongartz gesagt: ›Ist mir egal, was du gerade machst, du sprichst jetzt mit diesem Mädchen.‹ Hat er sofort getan!« Seine Frau sei dann mit Anna direkt losgegangen.

Die katholische Schule, an der Claudia Otto unterrichtet, befindet sich in Trägerschaft des Bistums Hildesheim. »Wir Lehrer«, ergänzt Claudia Otto noch, »hatten eine Anweisung bekommen: Wenn es um Missbrauch geht, sollen wir uns sofort ans Generalvikariat wenden, und da ich über Peter R. sehr viel gehört und gelesen hatte, habe ich gedacht, das könnte wichtig sein, also gehen wir gleich.« Hätte sie gewusst, was dann passiert, so sagen sie und ihr Mann heute, hätten sie Annas Fall besser der Polizei gemeldet.

Doch so geht im März 2010 ein 14-jähriges Mädchen mit seiner Religionslehrerin zum Gespräch ins Bistum, um von einem Verdacht gegen einen Pfarrer, einen pensionierten Mitarbeiter, dieser Diözese zu berichten. Von der Schule sind es nur wenige Minuten zu Fuß. Vorbei am Hildesheimer Dom über den gepflasterten ausladenden Hof auf das hellgelbe Gebäude mit den leuchtend roten Dachziegeln zu, durch die massive Tür in den weiß getünchten Flur, in das Büro des Missbrauchsbeauftragten, der auch der Personalreferent des Bistums ist. Wie mag das für Anna gewesen sein?

Sechs Jahre ist das nun her, heute ist sie 20 Jahre alt. Sie wohnt immer noch in Hildesheim, macht gerade ihren Schulabschluss. Sie möchte nicht erkannt und nicht beschrieben werden, aber sie möchte erzählen, was am 4. März 2010 im Generalvikariat passierte. »Wir haben uns an einen Tisch

gesetzt, und sie wollten das sehr detailliert erzählt haben.«
Das sei für sie nicht einfach gewesen. »Die haben das auch
ziemlich runtergeschraubt: dass das ja gar nicht so schlimm
war und dass es anderen schlimmer erging. Aber ich meine,
das ist egal, wie weit es geht, es ist schlimm. Nur können die
sich das wahrscheinlich gar nicht vorstellen.«

Das Schlimmste, erzählt Anna heute, passiert bereits 2006, als sie erst zehn Jahre alt ist. Da lädt der damals
64-jährige Pfarrer sie zu einem Ausflug über Pfingsten zu
sich ein, nach Berlin-Steglitz, wo er bis heute lebt. Anna ist
zu der Zeit schon des Öfteren mit dem Zug allein zu Ver-
wandten gefahren, insofern ist diese Reise zu Pfarrer Peter
R., dem guten Freund der Familie, zunächst nichts Außer-
gewöhnliches für das Mädchen.

Anna sagt in der Folge immer wieder »er« oder »der«,
nie seinen Namen. »Er hat mich in Berlin vom Bahnhof
abgeholt. Dann sind wir erst zu ihm in die Wohnung gefahren und haben da Frikadellen gegessen.« Sie seien dann
gemeinsam auf ein Straßenfest gegangen, und er habe ihr
eine Panflöte gekauft. Bis dahin sei noch alles normal gewesen. Anna spricht langsam und überlegt. Wenn sie das
so mache, würde das alles nicht mehr nach innen kommen,
erklärt sie und setzt fort: »Da er eine sehr kleine Wohnung
hat, haben wir beide im selben Zimmer geschlafen.« Sie sei
gerade dabei gewesen einzuschlafen, da sei es passiert. »Ich
dachte, er schläft, und dann ist er auf einmal aufgestanden
und hat sich auf mich gelegt. Er war so schwer. Dann hat
er angefangen, mich auf den Mund zu küssen und zu berühren. Er hat seine Zunge in meinen Mund gedrückt.« Sie
habe abgewehrt, sich weggedreht, irgendwann habe er sich

wieder ins Bett gelegt und sei eingeschlafen. Sie nicht. »Ich habe wach gelegen und auf sein Atmen gehört. Am nächsten Tag war es so, als wäre nichts gewesen. Er hat Essen gemacht und mich dann zum Bahnhof gebracht, und dann bin ich wieder weggefahren.«

In der Zeit danach versucht der Pfarrer, Anna bei seinen Besuchen im Haus der Großeltern im Flur abzupassen, er sucht ihre Gesellschaft, umarmt sie lange, zu lange, findet das Mädchen. Ab da bleibt Anna in ihrem Zimmer, wenn Peter R. zu Besuch ist. Sie habe niemandem davon erzählt, sagt sie, auch nicht ihren Großeltern, schließlich sei er immer deren Freund gewesen. Nur eine Freundin habe sie eingeweiht, die dann immer zu ihr gekommen sei. »Damit ich nicht so allein bin.«

Ein damals 64-jähriger Pfarrer, ein zehnjähriges Mädchen. Und jetzt? Dass er sie nachts bedrängt habe, als sie in seinem Zimmer schlief, im Flur der Großeltern immer zu lange umarmt habe, mit ihr allein sein wollte, ihr teure Geschenke mache, erzählt Anna am 4. März 2010 dem Arbeitgeber von Peter R., der Kirche. Das Bistum weiß, dass sein ehemaliger Pfarrer gerade im Zentrum des bundesweiten Missbrauchsskandals steht. Nur vier Wochen zuvor hatte man selbst eine Pressemitteilung mit der Überschrift »Sexuelle Übergriffe von Pater R. auch im Bistum Hildesheim« veröffentlicht und sich zu den verjährten Fällen dort geäußert. In derselben Woche hatte die Staatsanwaltschaft vermeldet: nichts zu machen ohne aktuelle Hinweise. Zehn Tage ist der Streit zwischen Justizministerium und Bischofskonferenz alt.

Das Bistum Hildesheim trifft eine folgenschwere Entscheidung: Man behält Annas Fall, den Verdacht auf einen nicht verjährten Missbrauch durch Peter R., für sich. Heinz-Günter Bongartz informiert nach dem Gespräch weder die erziehungsberechtigten Großeltern von Anna noch die staatlichen Strafverfolgungsbehörden noch eine Fachberatung für Missbrauchsopfer. Seinem Vorgesetzten, Bischof Norbert Trelle, lässt er einen Vermerk zukommen. Das Protokoll des Treffens unterschreiben weder Anna noch ihre Lehrerin, es landet in den Akten.

Heinz-Günter Bongartz und Norbert Trelle möchten sich heute nicht persönlich zu diesen Vorgängen äußern. Zunächst nur so viel schriftlich über die Pressestelle des Bistums: Es sei damals der Wunsch der 14-Jährigen gewesen, dass die Erziehungsberechtigten nicht informiert werden. Diesen Wunsch habe man akzeptiert. Man habe ihr außerdem geraten, sich anderen Menschen zu öffnen oder auch später erneut auf den Missbrauchsbeauftragten zuzukommen.

Eines aber unternimmt das Bistum 2010 doch: Man befragt den mutmaßlichen Täter, Peter R. Am 1. April konfrontiert man den Pfarrer mit den Vorwürfen, die bislang im Bistum Hildesheim bekannt sind. Er streitet alles ab. Am 7. Juli 2010 bekommt Bischof Norbert Trelle eine Nachricht aus Rom: Die Kongregation für die Glaubenslehre beauftragt das Bistum Hildesheim und damit ihn, eine kirchenrechtliche Voruntersuchung für einen innerkirchlichen Strafprozess gegen Peter R. einzuleiten. Um welche Vorwürfe es bei dieser Voruntersuchung genau gehen sollte, dazu macht das Bistum Hildesheim unterschiedliche Angaben. Auf Nachfrage sagt es zunächst,

es sei um den Fall des Mädchens gegangen. Später korri-
giert man sich: Es habe sich um die Missbrauchsvorwürfe
aus Peter R.s Zeit am Berliner Canisius-Kolleg gehandelt.
Klar ist: Am 9. August 2010 untersagt Bischof Trelle Peter R. mit sofortiger Wirkung die öffentliche Ausübung der
priesterlichen Rechte und Vollmachten und ordnet gleichzeitig die Durchführung der Voruntersuchung an – für ein
internes kirchliches Strafverfahren.

»Dazu«, erläutert der Bonner Kirchenrechtler Norbert
Lüdecke, »ist jeder Diözesanbischof verpflichtet, sobald er
eine wenigstens wahrscheinliche Information über den sexuellen Missbrauch durch einen Kleriker erhält.« Diskret
und verschwiegen, so erklärt es Norbert Lüdecke, ermittle
ein Voruntersuchungsführer dann Anhaltspunkte für einen begründeten Verdacht. Dabei sollen, so steht es im Kirchengesetz, Canon 1717, »vorsichtig Erkundigungen über
den Tatbestand, die näheren Umstände und die strafrechtliche Zurechenbarkeit« eingezogen werden. Der Beschuldigte werde nach kirchlichem Recht nicht zwingend in die
Vorermittlung einbezogen. Vorbeugende Maßnahmen, wie
Aufenthaltsverbote oder Freistellung von kirchlichen Aufgaben, könnten aber schon zu diesem frühen Zeitpunkt ergriffen werden, ohne dass eine Schuld eindeutig erwiesen
sei. »Die Unschuldsvermutung gilt im aktuellen Kirchenrecht nur eingeschränkt«, fasst Professor Norbert Lüdecke zusammen. »Erweist sich der Verdacht später als un-
begründet, sind die Maßnahmen wieder aufzuheben. Der
gute Ruf des Beschuldigten ist damit aber nicht unbedingt
wiederhergestellt.« Bestätigt die Voruntersuchung den
Verdacht, ist der Fall der Glaubenskongregation in Rom

zu melden, damit diese entscheidet, ob sie selbst oder ein Diözesangericht ein kirchliches Strafverfahren führt.

In Hildesheim beginnt also nun eine solche Voruntersuchung gegen Peter R. Den Fall Anna behält man in der Schublade. Und das, obwohl sich die katholische Kirche in Deutschland genau in diesen Sommermonaten des Jahres 2010 explizit in den *Leitlinien für den Umgang mit sexuellem Missbrauch* schriftlich selbst verpflichtet, enger mit den staatlichen Behörden zusammenarbeiten. Anders als in der ersten Fassung der Leitlinien von 2002 heißt es nun konkret unter dem Punkt »Unterstützung der staatlichen Strafverfolgungsbehörden«: »Sobald tatsächliche Anhaltspunkte für den Verdacht eines sexuellen Missbrauchs an Minderjährigen vorliegen, leitet ein Vertreter des Dienstgebers die Informationen an die staatliche Strafverfolgungsbehörde (…) weiter.« Und im nächsten Punkt: »Die Pflicht zur Weiterleitung der Informationen an die Strafverfolgungsbehörde entfällt nur ausnahmsweise, wenn dies dem ausdrücklichen Wunsch des Opfers (bzw. dessen Eltern oder Erziehungsberechtigten) entspricht und der Verzicht auf eine Mitteilung rechtlich zulässig ist.« Vorher hatten die Bestimmungen nur »gegebenenfalls« eine Einschaltung der Staatsanwaltschaft verlangt.

In Deutschland gibt es bislang keine Anzeigepflicht bei sexuellem Missbrauch. Sie wird auch von Opferverbänden abgelehnt, weil die Betroffenen dadurch eventuell Strafprozessen und Vernehmungen ausgesetzt werden könnten, zu denen sie psychisch noch nicht in der Lage seien. Diese Position ist nachvollziehbar, schützt allerdings auch die Täter. Die Deutsche Bischofskonferenz entscheidet sich 2010 anders. Sie beschließt, ihren Mitarbeitern künftig zu einer Regelanzeige zu raten, man wolle von nun an gründlich aufklären, heißt es zur Begründung. Die neuen Leitlinien verdeutlichten dies. Die deutschen Bischöfe verabschieden sie am 31. August 2010, spätestens da liegen sie auch im Bistum Hildesheim auf dem Tisch. Nur wenn es dem ausdrücklichen Wunsch des Opfers entspricht, soll es keine Weiterleitung an die Behörden geben. Das Problem in Hildesheim: Die 14-jährige Anna wird im März 2010 allein, ohne familiären Beistand, im Bistum befragt. Die Religionslehrerin Claudia Otto geht davon aus, dass das Bistum sich nun der Sache annehmen wird. Doch niemand aus dem Hildesheimer Generalvikariat meldet sich danach bei Annas Großeltern, die rechtlich ihre Erziehungsberechtigten sind. Sie werden schlicht nicht informiert. Man ignoriert die Leitlinien. Und das, obwohl die 14-Jährige erzählt hat, dass der inzwischen deutschlandweit bekannte mutmaßliche Täter, Peter R., ein Freund ihrer Großeltern sei. Dass er immer regelmäßig zu Besuch komme. Dass es also nicht unwahrscheinlich ist, dass sie sich wiedersehen.

In den Sommermonaten nach ihrem Termin im Bistum geht es Anna immer schlechter. Sie beginnt, sich selbst zu verletzen. Anfang Oktober 2010 wird sie in die Hildesheimer Kinderpsychiatrie eingewiesen. Dort spricht sie mit ihren Therapeuten über alles, sechs Wochen lang. Die Ärzte raten ihr, so steht es im Abschlussbericht der Klinik, sich endlich den Großeltern anzuvertrauen. Das tut Anna schließlich, und so erfahren auch sie, was ihr Freund, der Pfarrer, ihrem Enkelkind angetan hat.

Annas Großeltern sitzen gemeinsam dicht an dicht auf ihrem schwarzen Ledersofa im weiß gekachelten Wohnzimmer und schweigen. Es ist nicht das Schweigen einer Redepause, es ist ein gewohntes Schweigen. An einem Schrank lehnt ein Scherenschnitt, die Großmutter in jungen Jahren, Anna hat ihn nach einem Foto von damals gezeichnet. »Sie hat großes Talent«, sagt ihre Großmutter schließlich lächelnd und nickt in Richtung des Bildes. Sie kommt ursprünglich aus Oberschlesien, das »R« rollt sie ein wenig. Sie ist eine zierliche, agile Frau, der Großvater ist schwer krank, kann sich kaum noch bewegen, nur mit Mühe sprechen. Trotzdem will er bei diesem Gespräch dabei sein, unbedingt.

»Wir waren Freunde«, beginnt Annas Großmutter zögerlich und meint Pfarrer Peter R. »Ich war im Pfarrgemeinderat, da lernt man sich automatisch kennen. Man geht ja auch zu den Gottesdiensten …« Sie seufzt leise. Ihr Mann presst ein einzelnes Wort heraus. »Unfassbar«, übersetzt seine Frau. Mehrmals seien sie gemeinsam in Urlaub gefahren. »Frankreich–Spanien–Portugal« habe Anna als Kind immer gerufen und damit die schönsten gemeinsamen Reisen gemeint. Die Freundschaft habe auch nach seiner Versetzung 1997 gehalten. Damals habe man noch mit einigen Familien dagegen protestiert, dass der so beliebte Pfarrer die Stadt verlassen sollte. Den Grund hätten sie nicht geahnt. Als Peter R. dann in Berlin gewohnt habe, sei er etwa alle sechs Wochen nach Hildesheim gekommen. »Bei uns hat er meistens zu Mittag gegessen und ist dann weitergefahren, zu anderen Freunden.«

Irgendwann 2006 sei ihr aufgefallen, dass ihre Enkeltochter nichts mehr von ihm wissen wollte. »Sie kam nicht mehr runter, wollte immer in ihrem Zimmer bleiben. Er sagte, das sei schon so in Ordnung. Sie war auch total verändert uns gegenüber, sie konnte sich nicht mehr umarmen lassen, weder von meinem Mann noch von mir.« Sie habe sich das lange nicht erklären können, flüstert Annas Großmutter fast. Erst sehr spät habe sie verstanden. Zu spät.

Als Annas Großeltern von alldem auf der schwarzen Ledercouch im Wohnzimmer berichten, sitzt ihre Enkeltochter ihnen gegenüber. Immer wieder wirft sie ihnen aufmunternde Blicke zu. Ihre Großmutter streicht sich abwesend mit den Fingerspitzen der linken Hand über den rechten Arm.

Anna hat ihnen alles auf einer Autofahrt vom Besuch zu Hause zurück in die Kinderpsychiatrie erzählt. »Ich habe mich nicht getraut, meiner Oma das zu sagen, während ich ihr in die Augen gucke, deshalb habe ich das gemacht, als wir im Auto saßen«, berichtet Anna von diesem Moment. Sie habe sich so sicherer gefühlt, hinten im Wagen. »Das war dann natürlich erst einmal ein Schock, und mein Opa …«, sie macht eine Pause. »Ich habe meinen Opa noch nie so aufgelöst gesehen. Das hat ihm das Herz gebrochen.« Anna weint leise.

»Wir haben dann sofort den Kontakt unterbrochen, denn er wollte uns wieder besuchen.« Die Großmutter blickt auf. »Wir waren so fassungslos, schockiert.«

Nachdem sie die Wahrheit kennen, lassen sich Annas Großeltern sofort einen Termin im Hildesheimer Generalvikariat geben, sie wollen Peter R. anzeigen und möchten mit Heinz-Günter Bongartz, heute Weihbischof des Bistums, sprechen, der ihre Enkeltochter acht Monate zuvor ohne ihr Wissen befragt hat. Anna möchte nicht mitkommen, sie bleibt zu Hause, sie ist erst vor einer Woche aus der Kinderpsychiatrie entlassen worden. Anna gibt ihren Großeltern einen handgeschriebenen Zettel mit. Darauf schildert sie noch einmal den Tag in Berlin, zur Sicherheit. Es sind nur wenige Zeilen in der bauchigen Schrift einer 14-Jährigen: »Ich war zu Besuch bei Peter, und am Abend habe ich mich schon hingelegt, da es nur einen Raum gab, habe ich auf einer Matratze und er auf dem Sofa geschlafen, und ich war fast am Einschlafen, da kam Peter auf einmal zu mir und hat sich auf mich gelegt und versucht, mich zu küssen (etwas mehr). Ich habe meinen Kopf weggedreht, und dann hat er sich hingelegt.« Den kurzen Brief übergeben die Großeltern dem Weihbischof. Sie bestehen bei diesem Treffen darauf, dass die Staatsanwaltschaft eingeschaltet wird. Das habe man den Großeltern an diesem Tag selbst vorgeschlagen, sagt das Bistum heute zur Verteidigung.

Erst jetzt, nachdem die Großeltern sich von sich aus am 25. November 2010 beim Bistum melden, den Brief ihrer Enkeltochter überreichen, sagt das Bistum zu, die Unterlagen an die staatlichen Behörden zu übergeben. Mit dieser Zusage entlässt man das Ehepaar. »Ab diesem Moment haben wir nie wieder etwas von ihnen gehört«, sagt Annas Großmutter.

Am 9. Dezember 2010 stoppt das Bistum die interne Voruntersuchung zu Peter R. Auf Nachfrage heißt es, man habe vermeiden wollen, dass die Kirche parallel zu den staatlichen Behörden ermittele. Bevor das Bistum Hildesheim nun aber endgültig die Staatsanwaltschaft informiert, führt Weihbischof Heinz-Günter Bongartz noch ein weiteres Gespräch: Am 17. Dezember ruft er bei Peter R. an. Der Pfarrer befindet sich zu diesem Zeitpunkt wegen seines Schlaganfalls in einer Reha-Klinik. Der Weihbischof informiert ihn, so erzählt es Peter R., dass nun Annas Familie die ihm bekannten Vorwürfe erhoben habe und sie jetzt verpflichtet seien, die Angelegenheit der Staatsanwaltschaft zu übergeben. Am 21. Dezember 2010 erstattet das Bistum Hildesheim schließlich offiziell Anzeige gegen den Priester im Ruhestand. Fast zehn Monate sind seit Annas erster Meldung vergangen. Am 23. Dezember 2010 bekommt die Staatsanwaltschaft Hildesheim vom Bistum Hildesheim fünf DIN-A4-Seiten: ein Anschreiben, ein Gesprächsprotokoll des Treffens mit den Großeltern, Annas kurzen Brief und einen Vermerk über das jüngste Telefonat zwischen Weihbischof Bongartz und Peter R.

Das Protokoll des ersten Besuchs von Anna am 4. März 2010 behält das Bistum, ebenso wie den Vermerk zur ersten eigenen Befragung des Pfarrers im April 2010, auch die bisherigen Ergebnisse der kircheninternen Voruntersuchung zu Peter R., die immerhin schon seit vier Monaten läuft, werden nicht an die Staatsanwaltschaft weitergegeben. Gleiches gilt für umfangreiche Details zu den mindestens zwei damals schon bekannten Vorwürfen gegen Peter R. in Hildesheim aus den Neunzigerjahren, zu denen das Bistum im Februar 2010 – als Reaktion auf die

Vorwürfe der Canisius-Schüler – in einer Pressemitteilung mit der Überschrift »Tragweite eindeutig unterschätzt« bereits selbst Stellung genommen hatte.

All diese Unterlagen gibt das Bistum Hildesheim nicht heraus. Fünf Seiten leitet es weiter. Sie gehen von der Staatsanwaltschaft Hildesheim an den Wohnort Peter R.s und möglichen Tatort, nach Berlin. Die Kollegen von Staatsanwalt Martin Steltner bekommen den Fall am 4. Januar 2011 auf den Tisch. Es beginnt ein offizielles Ermittlungsverfahren wegen »sexueller Handlungen an einem Kind oder durch ein Kind«. Genau bei derselben Staatsanwaltschaft, die elf Monate zuvor vermeldet hatte: nichts zu machen im Fall Canisius-Kolleg ohne genau solch einen aktuellen Hinweis. Und jetzt?

Im Herbst 2015 sitzt Staatsanwalt Martin Steltner in seinem Büro über der Akte von damals und blättert darin. Eine Brille hat er auf der Nase, die Lesebrille in der Hand, je nach Bedarf wechselt er. Er findet nicht, was er sucht. Martin Steltner ist in seinem Beruf als presseverantwortlicher Staatsanwalt Kummer gewöhnt, mal klingelt das Telefon wegen Bushidos angeblicher Steuerhinterziehung, dann wegen des vermuteten Drogenfunds bei Volker Beck, Bundestagsabgeordneter der Grünen. Diese Sache aber, die kann er sich gar nicht erklären: »Wann, wann, wann?«, fragt er und geht noch einmal die Chronologie der Ereignisse durch. »Wir hatten die Unterlagen hier im Januar 2011, und die Sache wurde von der Kirche erst im Dezember 2010 bei den Kollegen in Hildesheim gemeldet.« Dass das mutmaßliche Opfer bereits im März 2010 befragt wurde, nein, das stehe nicht in den Ak-

ten. »Von der Polizei?«, fragt er nach. Nein, von der Kirche. »Ja, davon weiß ich nichts. Das ist natürlich problematisch, wenn nach einer Erstvernehmung zehn Monate
ins Land gehen. Das ist ein Verhalten, das wir natürlich
nicht gut finden können. Und es ist natürlich auch nicht
förderlich, um die Sache im staatlichen Strafprozess aufzuklären.«

Als Martin Steltners Behörde die Unterlagen Anfang
2011 endlich auf den Tisch bekommt, sind die Zeitungen
voll mit der Sonnenfinsternis, die an diesem Abend erwartet wird. Außerdem geht es um das »Aus für die Lohnsteu-
erkarte« und eine Diskussion über das Autofahren mit 17.
Der Missbrauchsskandal der katholischen Kirche ist längst
aus den Schlagzeilen verschwunden.

Und das Bistum Hildesheim? Die Verantwortlichen
sparen die Dimension des Falls Peter R. aus. Dass Peter R.
mutmaßlich einer der schwersten deutschen Missbrauchstäter ist, der Haupttäter im Fall des Berliner Canisius-Kollegs, erwähnen sie nicht.

Die Konsequenz? Die Staatsanwaltschaft in Berlin erkennt den Zusammenhang zwischen den vermuteten Taten nicht. Sie erkennen Peter R. nicht. Die Systemabfrage
im Computer spuckt unter seinem Namen nichts aus, und
das kann sie auch gar nicht. Denn als die Canisius-Schüler Anfang 2010 mit ihren Vorwürfen gegen Peter R. an
die Öffentlichkeit gehen, stuft die Staatsanwaltschaft Berlin ihre Fälle sofort als verjährt ein. Sie ermittelt nicht, es
wird offenbar kein Aktenzeichen angelegt. Niemand erinnert sich ein Jahr darauf an einen »Peter R.«. Und so vermuten die Berliner Staatsanwälte 2011, dass er ein unbe-

kannter Ersttäter aus Hildesheim ist. Der Fall ist, wie die Juristen salopp sagen, ein Durchläufer.

Martin Steltner versucht zu erklären: »Aus den Ermittlungsakten ergeben sich keinerlei Hinweise darauf, dass die Kollegen hier irgendwelche Hinweise darauf hatten, dass es sich bei dem Beschuldigten um eine der Hauptpersonen des Missbrauchsskandals um das Canisius-Kolleg handeln könnte. »Wir mussten davon ausgehen, dass es sich um einen Einzelfall handelt, und haben die Sache auch entsprechend behandelt, weil wir keine gegenteiligen Informationen hatten.« Keine gegenteiligen Informationen? Ist das ein Mitteilungsfehler der Kirche? Ein Ermittlungsfehler der Staatsanwaltschaft? Wie kann es sein, dass man nur ein Jahr nach dem Missbrauchsskandal, der in Berlin seinen Anfang nahm, die Zusammenhänge nicht erkennt? Wie kann es sein, dass die Kirche der Staatsanwaltschaft nicht jeden Papierschnipsel zum Fall Peter R. gibt, den sie hat? Wie gut funktioniert die Übermittlung von Informationen vom kirchlichen Rechtssystem ins staatliche? Sieht so das Ergebnis aus, wenn zwei Systeme mit unterschiedlichen Zielsetzungen und Interessen denselben Täter für dasselbe Vergehen belangen wollen? »Wir brauchen alle Informationen, um die Straftaten aufzuklären und um den Täter zur Verantwortung zu ziehen. Wenn wir diese Informationen nicht haben, können wir den Täter nur eingeschränkt zur Verantwortung ziehen.« Und diese Informationen habe die Kirche ihnen eben nicht geliefert. Für Martin Steltner ist die Sache klar.

Offensichtlich hat sich die Staatsanwaltschaft Berlin

mit den fünf Seiten begnügt, die das Bistum Hildesheim zu Peter R. zur Verfügung gestellt hat, und nicht nachgefragt, ob das tatsächlich alle Informationen sind. Ein Vorgehen, das man wahrscheinlich nur mit Nachlässigkeit oder einem grundsätzlichen Vertrauensvorschuss gegenüber der Kirche seitens der Staatsanwaltschaft erklären kann. Offensichtlich ging man davon aus, dass Kooperation bedeute, alle sachdienlichen Hinweise würden mitgeteilt.

Weil Anna nicht auf ein Strafverfahren drängt, weil man nicht weiß, wer Peter R. wirklich ist, weil die interne Systemabfrage der Staatsanwaltschaft seinen Namen im Zusammenhang mit anderen Fällen nicht findet und man Rückfragen nach Hildesheim offenbar für überflüssig hält, weil er nicht vorbestraft ist, in dreißig Jahren nie angezeigt wurde, nun gesundheitlich beeinträchtigt ist und er Anna nach dem Kuss nicht wieder bedrängt hat, werden die staatlichen Ermittlungen gegen den Pfarrer im Oktober 2011 nach Paragraf 153a StPO gegen Zahlung einer Geldauflage von 500 Euro an den Opferschutz Berlin eingestellt – wegen »geringen öffentlichen Interesses« an seinem Fall. Die Staatsanwaltschaft sieht von der Erhebung einer Klage ab, weil man meint, »die Schwere der Schuld« stehe bei diesem Ersttäter dieser Entscheidung nicht entgegen. Als Peter R. nur Tage später die Geldauflage überweist, steht juristisch fest: Seine Tat kann nicht mehr als Vergehen verfolgt werden. Nie mehr. Dieser Fall kann auch nach diesen neuen Erkenntnissen nicht wieder aufgerollt werden.

Ja, das sei bitter, sagt Staatsanwalt Martin Steltner. Die

Chance, den mutmaßlichen Serientäter vor ein öffentliches Gericht zu stellen, ist vertan. Die ehemaligen Canisius-Schüler bekommen von alldem 2011 nichts mit. Die Kirche schon. Sie ermittelt weiter gegen den Pfarrer, intern.

11.

Die Sünde gegen das sechste Gebot

Wie die katholische Kirche sexuellen Missbrauch ahndet

Wer die Wohnung von Peter R. in Berlin betritt, sein Wohnzimmer, in dem auch Anna 2006 übernachtete, kann den Blick auf seine Fensterbank nicht vermeiden. Sie ist ungewöhnlich breit, nimmt die ganze Frontseite des Raumes ein und ist vollgestellt mit Stofftieren. Peter R. sitzt an einem kleinen Esstisch im selben Raum, auf einer farbenfrohen Ethnotischdecke liegen allerlei Papierchen, Stifte, Broschüren. »Hier hat sie geschlafen«, sagt der Pfarrer und zeigt auf eine Matratze, die er hinter sein zitronengelbes Sofa geklemmt hat. »Wir haben die Matratze einfach vor mein Schlafsofa gelegt, ich da oben, sie da unten«, erklärt er. Peter R. lacht und scherzt, bietet eine Cola an, in der Ecke des Raumes steht eine Supermarktpalette voll davon.

Der Pfarrer sitzt nach dem Schlaganfall 2010 im Rollstuhl. Er kann den Oberkörper bewegen, klar sprechen, er habe sich danach ganz gut erholt, erklärt er. Trotzdem brauche er Hilfe, der Sozialdienst komme einmal die Woche. Seine weißen Haare hat Peter R. seitlich gescheitelt, er trägt ein rotes Polohemd und eine beigefarbene Stoffhose, die Hände liegen gefaltet auf den Oberschenkeln.

Er habe, so erzählt Peter R., Anna eingeladen, nach Berlin zu kommen. »Ihr hat das hier in der Wohnung aber nicht so gefallen«, sagt Pfarrer R. und wiegt den Kopf. Zu eng und zu unordentlich sei es der Zehnjährigen gewesen, daran erinnere er sich noch. Natürlich sei das nicht so bequem wie zu Hause – ihre Anschuldigungen aber, kommt er unvermittelt zur Sache, könne er nicht nachvollziehen. »Es ist ihr hier nichts Schlechtes geschehen«, sagt er. »Ich habe ihr einmal einen Kuss gegeben, und das war alles.«

Peter R. kann nichts daran finden, dass ein Pfarrer ein Kind küsst, nur auf die Wange und freundschaftlich sei das gewesen. »Ich kriegte erst aus dem Bistum Hildesheim die Nachricht, dass es ein staatliches Verfahren geben soll. Es gab einen handgeschriebenen Zettel von Anna, was sie hier alles bemängelt hat. Da dachte ich: Spinnt die?« Staatlich sei das ja dann nicht verfolgt worden. »Das wurde eingestellt und hat auch keinerlei Folgen. Und danach fing das dann plötzlich kirchlich an. Da dachte ich mir: Spinnen die auch?« Er sei mit Annas Großeltern lange befreundet gewesen. »Ich habe sie jetzt aber alle aus meinem Adressbuch gestrichen.« Absurd seien diese Vorwürfe, auch die der anderen, der Canisius-Schüler.

In einer Dokumentation der Ereignisse haben die ehemaligen Canisius-Schüler 2010 das Erlebte aufgeschrieben, auf über 500 Seiten sind ihre Zeugenberichte zusammengefasst, »Missbrauch am Canisius-Kolleg durch Peter R.« heißt ein Kapitel. Die Männer, die damals Kinder waren, schildern, dass sich der Pfarrer ihnen vor allem bei Beichtgesprächen und Besinnungswochenenden genähert habe. »Bei diesen Gelegenheiten wurde vor allem über Selbstbefriedigung gesprochen. Diese war nach kirchlicher Sexuallehre verboten. Um den Kindern zu helfen, dies einzuhalten, stellte er Regeln auf, beispielsweise, dass nur im Beisein des Paters masturbiert werden dürfe.« »Es sah so aus«, schreibt ein anderer ehemaliger Schüler, »dass ich mich zunächst auf meinem Zimmer selbst befriedigen sollte, ihn danach aufsuchen und über meine Erlebnisse beziehungsweise das, was ich dabei empfinde, berichten sollte. Die zweite Stufe ging einen Schritt weiter. Ich musste das Gleiche tun und ihn danach noch in erigiertem Zustand in seinem Zimmer aufsuchen. Es wäre schön gewesen, wenn das die letzte Stufe gewesen wäre. Es war sie aber nicht. Die letzte Stufe sah so aus, dass ich diese Handlung in seinem Beisein in diesem Zimmer, das natürlich abgeschlossen war, vollbringen musste und er auch einen Höhepunkt erwartete.«

Peter R. schüttelt vehement den Kopf. Er sagt, er habe seine Schüler damals lediglich gebeten, sich statt in ihrem lieber in seinem Zimmer selbst zu befriedigen, damit er sie nicht bei seinen Vorgesetzten melden müsse. »Ich konnte doch keine Kinder anzeigen. Mensch, das sind Schüler!« Das sei vielleicht ein Fehler gewesen. Aber ein Straftäter, das sei er nicht. Auch das mit den Versetzungen, das sei alles hochgekocht worden. Alles ein Missverständnis.

Vierzig Jahre, Dutzende Meldungen, alles gelogen. Pfarrer R. lehnt jede Schuld, jede Verantwortung für diese Taten ab. Kein Anzeichen von Reue. Stattdessen: Unbeschwertheit. Nur ein Gutes habe diese ganze Misere gehabt, sagt

Peter R. und nimmt Anlauf für einen Scherz: »Immerhin habe ich auf diese Weise einmal den Weihbischof von Berlin zu Gesicht bekommen!« Etwa fünfzehn Minuten seien der Leiter des Diözesangerichts, Weihbischof Matthias Heinrich, und ein Kollege bei ihm gewesen. Es sei um das kirchliche Strafverfahren wegen sexuellen Missbrauchs gegangen, sie hätten nach Anna gefragt, erzählt Peter R. Auf dem gelben Sofa habe der Bischof gesessen. »Wir haben uns neutral unterhalten. Ich sagte: ›Nein, da war nichts.‹ Und er sagte: ›Gut, müssen wir sehen.‹« Er selbst habe zuvor auch noch nie von dieser Art Verfahren gehört, sagt Peter R. »Ich habe gesagt, was ich konnte, und dann war das okay.«

Es ist Oktober 2011, als die Staatsanwaltschaft Berlin die Ermittlungen gegen den mutmaßlichen Serientäter Peter R., in Unkenntnis der Dimension des Falls, einstellt. Zwei weitere Jahre wird sich die Kirche nun intern mit Peter R.s Fall beschäftigen. Am Ende wird der Weihbischof von Berlin, als oberster Richter der Diözese, ein Strafdekret gegen Peter R. erlassen. Dessen Inhalt wird die Betroffenen schockieren.

Der Straftatbestand »sexueller Missbrauch Minderjähriger« findet sich im aktuellen Kirchenrecht nicht wörtlich, auch der Begriff »sexuelle Handlungen« taucht nirgendwo auf. Es gibt nur das Delikt »Verfehlungen gegen das sechste Gebot«, welches biblisch heißt: »Du sollst nicht ehebrechen.« Es ist im kirchlichen und kirchenrechtlichen Verständnis aber schon lange ein Sammelbegriff für alle sexualbezogenen Sünden. In diesem Sinne heißt es im *Codex des kanonischen Rechts* in Canon 1395, Paragraf 2: »Ein Kleriker, der sich (…) gegen das sechste Gebot des Dekalogs verfehlt hat, soll, wenn nämlich er die Straftat mit Gewalt, durch Drohungen, öffentlich oder an einem Minderjährigen« begangen habe, »mit gerechten Strafen belegt werden«.

Als Strafobergrenze sieht der kirchliche Gesetzgeber die Entlassung aus dem Klerikerstand vor. Die Höchststrafe des kirchlichen Strafrechts, die Exkommunikation, bleibt Delikten vorbehalten, die nach kirchlichem Verständnis schwerwiegender sind. Dazu zählen unter anderem: der Abfall vom Glauben, der Kirchenaustritt, die Verweigerung der Unterordnung unter Papst und Bischöfe, physische Gewalt gegen den Papst, eine Abtreibung, seit 2008 auch der Versuch, eine Frau zu ordinieren, zur Priesterin zu weihen. All diese Vergehen wiegen in den Augen der katholischen Kirche schwerer als der Missbrauch an einem Kind, da sie den Fortbestand und das Funktionieren der kirchlichen Gemeinschaft direkt gefährden.

»Der sexuelle Missbrauch«, erklärt der Bonner Kirchenrechtler Norbert Lüdecke, »ist nach kirchlichem Recht – und darin unterscheidet es sich fundamental vom staatlichen Strafrecht – kein Vergehen gegen Leben und Freiheit des Menschen, gegen seine sexuelle Selbstbestimmung, sondern gegen eine klerikale Standespflicht: den Zölibat, der Verzicht auf jedwede Sexualität bedeutet. Das Ziel der entsprechenden Normen, die auch nur Kleriker betreffen, ist ausschließlich, dass sie ihre Amtspflicht einhalten.« Die Überschrift im Kirchengesetz verdeutliche das: »Straftaten gegen besondere Verpflichtungen« steht dort geschrieben. »Die Opferperspektive«, sagt Norbert Lüdecke, »ist dem Codex fremd.«

Nachdem ihn im Herbst 2011 aus Berlin die Nachricht von der Einstellung des staatlichen Strafverfahrens erreicht hat, setzt Bischof Norbert Trelle in Hildesheim die kirchenrechtliche Voruntersuchung zu Peter R. fort. Diskret und verschwiegen, wie das Kirchenrecht es vorgibt. Über das Ergebnis der dreimonatigen Recherche ist nichts bekannt. Sicher ist nur, dass in dieser Zeit weder Anna noch ihre Großeltern angehört werden. Sie werden überhaupt nicht informiert, dass Annas Fall kirchenrechtlich weiter bearbeitet wird.

Seinen Abschlussbericht schickt der eigens dafür eingesetzte Hildesheimer Voruntersuchungsführer am 15. Februar 2012 vertraulich an die Kongregation für die Glaubenslehre nach Rom, die nun entscheiden muss, ob sie den Prozess selbst durchführen oder an ein deutsches Bistum übergeben will. Am 4. Mai 2012 beauftragt die Glaubenskongregation das Erzbistum Berlin, den damaligen Erzbischof Rainer Maria Kardinal Woelki, mit einem Strafverfahren gegen Peter R. Man schreibt, der Erzbischof selbst oder ein Bevollmächtigter solle das Verfahren durchführen mit »Unterstützung von zwei Beisitzern, die als kompetent gelten und sich durch Erfahrung und Klugheit auszeichnen«. In Berlin fand das Treffen zwischen Anna und Peter R. statt, hier wohnt Peter R., hier steht auch das Gymnasium Canisius-Kolleg. Hier weiß man, wer der Täter ist: Das Verfahren soll sämtliche damals bekannten Vorwürfe gegen ihn behandeln. Es gehe, so schreibt die Glaubenskongregation, nach den Ergebnissen der Voruntersuchung um »41 Personen, die bislang nicht namentlich bekannt sind« und die ihn beschuldigten, sie in den Jahren 1970 bis 1988 sexuell missbraucht zu haben – und um Anna.

Unter Ausschluss der Öffentlichkeit beginnt nun also das Erzbistum Berlin im Mai 2012 mit seinem Strafverfahren gegen Peter R. Es scheint zunächst so, als wolle sich die Kirche intern durchaus umfänglich mit den Taten von Peter R. befassen. Zwei seiner früheren Schüler bekommen im Oktober 2012, über die damalige Missbrauchsbeauftragte des Canisius-Kollegs Ursula Raue, eine Anfrage des Berliner Weihbischofs Matthias Heinrich. Man brauche ihre Zeugenaussage bei einem bevorstehenden Kirchenprozess.

Thomas Weiners Name steht unter dem Brief, den die Canisius-Schüler 1981 an die Ordensleitung der Jesuiten schreiben, um auf Peter R.s Vorgehen aufmerksam zu machen. Fast 30 Jahre später, 2010, gehört er mit Matthias Katsch zu denen, die an die Öffentlichkeit gehen und die damit den Missbrauchsskandal der katholischen Kirche in Deutschland auslösen.

Matthias Katsch und Thomas Weiner sind auch heute noch Freunde. Sie treffen sich regelmäßig in Berlin, sie sind bereit zu einem Gespräch in einem Restaurant in Charlottenburg. »Eins vorweg«, sagt Matthias Katsch, »bitte keine Detailfragen zu den Taten von Peter R.«, darüber habe man genug erzählt. Man wolle nicht ewig als Opfer wahrgenommen werden, zudem belaste die Erinnerung sie jedes Mal aufs Neue. Mehr noch als das, worum es nun gehen wird. »Wir wurden 2012 angesprochen, ob wir irgendwie vermittelnd tätig werden könnten, das Bistum brauche ›so zwei, drei Opfer‹, die jetzt stellvertretend für alle anderen in einem Kirchenverfahren aussagen könnten.« Man benötige die bislang nur durch die Zusammenfassungen und Berichte der Jesuiten bekannten Tatvorwürfe erkennbar, in juristisch verwendbarer Weise, sei ihnen übermittelt worden. Der Bischof wolle sie oder andere Betroffene gern als Zeugen befragen.

Er habe das als Zumutung empfunden, erzählt Matthias Katsch, dass er selbst andere ehemalige Mitschüler ansprechen solle. »Was hätte ich ihnen sagen sollen? ›Willst du dich damit noch mal auseinandersetzen? Ich kann dir aber nicht genau sagen, was passiert.‹ Das ist doch eine merkwürdige Geschichte!« Außerdem hätten sie beide keine Vorstellung davon gehabt, wie so ein kirchliches Strafverfahren überhaupt ablaufe. »Muss man sich das wie eine öffentliche Verhandlung vorstellen? Bei einem Gerichtsverfahren hat man eine ungefähre Vorstellung, wie das abläuft, aber ein Kirchenprozess … Ist das hinter verschlossenen Türen? Wo? Mit wem? Wer sind die Richter, wer sind die anderen Beteiligten?« Thomas Weiner nickt. »Auch für mich war völlig unklar, ob es zum Beispiel eine Konfrontation mit Peter R. geben wird. Oder nimmt der gar nicht teil an dem Verfahren? Also auf so eine Konfrontation hätte ich mich ganz sicher nicht eingelassen.« All diese Fragen stellen die Betroffenen der Missbrauchsbeauftragten, sie leitet sie an den Bischof weiter. »Der Weihbischof richtete uns damals aus«, erzählt Matthias Katsch, »dass man, um eine Wiederholungstäterschaft nachzuweisen, nur drei fundierte Aussagen brauche. So könne man Peter R. angemessen bestrafen, ihn unter Umständen ganz aus dem Klerikerstand entlassen.« Auch andere Strafen, wie zum Beispiel die Kürzung seiner pfarrlichen Pensionsbezüge, seien denkbar.

Außerdem habe der Bischof erklärt, dass es sich bei dem Prozess, den er plane, um ein abgespecktes Verfahren, ein sogenanntes Dekretverfahren, handle. Dass man den Betroffenen das persönliche Erscheinen wahrscheinlich nicht ersparen könne. Die Kosten für eine anwaltliche Betreuung werde man aber übernehmen. Zu einer Konfrontation mit Peter R. schreibt er nichts. Aber einen Auszug aus dem Kirchengesetz, der die Prozessabläufe behandelt, fügt der Weihbischof bei. Es ist nur eine DIN-A4-Seite. Die Inhalte dieses Mailverkehrs bestätigt auch das Erzbistum Berlin.

In Kenntnis der massiven Vorwürfe gegen Peter R. gibt es nach kirchlichem Recht zwei Möglichkeiten: die Einleitung eines umfangreichen Strafprozesses oder das besagte Dekretverfahren, das auf dem Verwaltungsweg entschieden wird. In Peter R.s Fall entscheidet man sich für Letzteres, nicht für den wegen vieler einzuhaltender Rechtsformalien komplizierteren Strafprozess.

Zum »außergerichtlichen Strafdekret« finden sich im kirchlichen Gesetzbuch zehn Zeilen: Dem mutmaßlichen Täter sind die Anklage und die Beweise bekannt zu geben und die Möglichkeit einer Verteidigung einzuräumen. »Außer«, so steht es in Canon 1720, »der Beschuldigte hat es, obwohl ordnungsgemäß vorgeladen, versäumt zu erscheinen.« Weitere Vernehmungen oder Befragungen etwa des oder der Betroffenen oder weiterer Zeugen sind nicht vorgesehen. Danach würden alle Beweise und Begründungen mit zwei Beisitzern »sorgfältig« abgewogen.

»Wenn die Straftat sicher feststeht«, so heißt es im Kirchenrecht weiter, sei ein Dekret zu erlassen, in dem »wenigstens kurz die Gründe rechtlicher und tatsächlicher Art dargelegt werden«. Eine öffentliche Verhandlung ist nicht vorgesehen, eine Kooperation mit den Behörden nun auch nicht mehr.

»Ist das kirchliche Strafverfahren einmal in Gang, ist es nach kirchlichem Recht mit der Unterstützung der staatlichen Strafverfolgungsbehörden vorbei«, erläutert Professor Norbert Lüdecke. Nur solange die kirchliche Voruntersuchung laufe, dürften ihre Ergebnisse an die Staatsanwaltschaft weitergeleitet werden, dürfte das kirchliche Gerichtspersonal vor staatlichen Gerichten angehört werden. Sei die Voruntersuchung beendet und an die Glaubenskongregation gemeldet, gelte das »päpstliche Geheimnis«. Nach Abschluss des Strafverfahrens im Bistum gingen alle Unterlagen seit der ersten Kenntnis in das Geheimarchiv des Bischofs und in Kopie an die Kongregation.

Ein geheimes Archiv im Bistum – wörtlich heißt es dazu im Kirchengesetz: Das Geheimarchiv sei ein eigener »Schrank oder ein eigenes Fach im allgemeinen Archiv, das fest verschlossen und so gesichert ist, dass man es nicht vom Ort entfernen kann; in ihm müssen die geheim zu haltenden Dokumente mit größter Sorgfalt aufbewahrt werden.«

»Für bestimmte Unterlagen«, erklärt Norbert Lüdecke, »gibt es eine Pflicht zu dieser geheimen Archivierung. Zu diesen gehören alle Unterlagen in Sittlichkeitsverfahren, sexueller Missbrauch fällt darunter.« Darüber hinaus liege es im Ermessen des Bischofs, alles, was ihm skandalträchtig erscheine, ins Geheimarchiv zu verbringen. Dem Wortlaut des Gesetzes nach darf nur der Bischof den Schlüssel zum Geheimarchiv haben. Es werde aber davon ausgegangen, dass er zur Verschwiegenheit verpflichtete Priester mit der Sichtung des Archivs beauftragen darf. Aus dem Geheimarchiv beziehungsweise dem Geheimschrank dürften keine Dokumente herausgegeben werden.

»Ob eine Staatsanwaltschaft erfolgreich wäre, wenn sie versuchte, das Geheimarchiv zu durchsuchen, auf die Herausgabe einschlägiger Akten zu drängen oder kirchliches Gerichtspersonal zu vernehmen, ist zweifelhaft«, schätzt Norbert Lüdecke die Lage ein. »Da die Kirche ihre gesamte innere Rechtspflege einschließlich ihrer Strafverfahren als Ausdruck von Seelsorge sieht, würden sich Betroffene auf das Zeugnisverweigerungsrecht berufen und für das Geheimarchiv entsprechend die Beschlagnahmefreiheit reklamieren. Ich gehe davon aus, dass sie damit Erfolg hätten.« Die kirchliche Unterstützung weltlicher Behörden bei der strafrechtlichen Verfolgung von sexuellem Missbrauch durch Kleriker, fasst er zusammen, sei nach wie vor kirchenrechtlich eng begrenzt.

»Es gab am Ende drei ehemalige Schüler, die bereit gewesen wären, sich dem Verfahren zu unterziehen«, berichtet der ehemalige Canisius-Schüler Matthias Katsch von den Vorbereitungen für ihr Dekretverfahren. »Einer davon war ich. Das haben wir im März 2013 an die Missbrauchsbeauftragte des Canisius-Kollegs übermittelt, die im Juni ihre gesammelten Informationen an Bischof Heinrich weitergegeben hat. Aber dann kam überraschend die Antwort: Das Kirchengericht, in Gestalt des Weihbischofs von Berlin, habe es sich anders überlegt, das würde alles viel zu lange dauern, die Zeit sei abgelaufen und man wolle den Prozess möglichst bald zum Abschluss bringen.«

Ein Nachreichen von Anzeigen beziehungsweise Klagen sei für dieses Verfahren nicht mehr möglich. »Man sagte uns noch, wenn wir Interesse hätten, könnten wir von uns aus zu unseren Fällen noch einen Prozess erbitten.« Eine Klage könne jederzeit eingereicht werden und solle nicht unter den Tisch fallen. Matthias Katsch lächelt bitter. Nein, das sei keine Option gewesen. Er habe sich allerdings immer gefragt, wie man denn ein Verfahren führen könne, ohne einen einzigen Zeugen aus ihren Reihen zu hören.

Die Antwort: Der oberste Kirchenrichter von Berlin, Weihbischof Heinrich, setzt das kirchliche Dekretverfahren gegen den mutmaßlichen Täter nur in einem einzelnen Fall fort: Annas. Die ausführlichen Hintergründe, eine umfangreiche Zeugenaussage des Mädchens, hat die Kirche bereits. Allerdings nicht von Anna selbst, sondern von der Staatsanwaltschaft Berlin. Sie übersendet die Zeugenvernehmungen von Anna und ihren Großeltern durch die Polizei Hildesheim an das dortige Bistum. Anna erfährt nichts von dieser Weitergabe der Informationen, auf deren Grundlage schließlich das Urteil im kirchlichen Strafprozess fällt.

Am 22. November 2013 stellt das Erzbistum Berlin ein Strafdekret gegen Peter R. aus. Man verurteilt den Pfarrer in Rente wegen »sexuellem Missbrauch an einer Minderjährigen«. Wörtlich heißt es in dem Dekret: »Das im Auftrag der Kongregation für die Glaubenslehre mit Dekret vom 04.05.2012 und mit Schreiben des Erzbischofs von Berlin vom 15. Mai 2012 geführte Strafverfahren gemäß can. 1720 CIC hat zu dem Ergebnis geführt, dass der gegen den Kleriker Peter R. erhobene Vorwurf sexueller Handlungen an einer Minderjährigen (…) aufgrund der Aussage der Betroffenen, die über jeden Zweifel erhaben ist, mit moralischer Gewissheit feststeht.« Damit sei eine Straftat erwiesen. Unter »Berücksichtigung des hervorgerufenen Ärgernisses« werde der Beschuldigte mit dem Verbot der Ausübung des priesterlichen Amtes auf unbestimmte Zeit sowie zur Zahlung einer Geldstrafe von 4000 Euro bestraft – nicht an Anna, sondern an den eigenen Fonds für Missbrauchsopfer des Erzbistums Berlin. Es folgt die Kontoverbindung der Pax-Bank, Verwendungszweck: Haushaltsstelle »Leitlinien Deutsche Bischofskonferenz«. Peter R. wird wegen eines leichteren Verstoßes bestraft – Annas Fall. Mögliche frühere Vergehen waren nicht Teil des Verfahrens. So ist es möglich, dass sich der Bischof gegen die Höchststrafe entscheidet. Peter R. bleibt Pfarrer der katholischen Kirche und verbringt einen pensionsgesicherten Lebensabend.

Das Bistum Berlin bestätigt diese Abläufe auf Nachfrage, auch die Angaben von Pfarrer R. Nur eines stimme so nicht: Das Gespräch mit dem Weihbischof habe laut Protokoll länger als 15 Minuten gedauert. Es seien 35 Minuten gewesen. Das Gespräch sei nicht Teil des Strafverfahrens, sondern des Vorverfahrens gewesen. »Es war ein erstes klärendes Gespräch im Januar 2012 zwischen dem Beschuldigten, dem Offizial des Erzbistums Berlin, Weihbischof Matthias Heinrich, und einem weiteren Richter. Es diente der Klärung des allgemeinen Gesundheitszustands des Beschuldigten.« Er sei dabei auch zum Tatvorwurf befragt worden, habe sich zu dieser Sache geäußert und ein Protokoll sei angefertigt worden. Im Verfahren selbst habe man Peter R. nicht angehört. »Der Beschuldigte wurde zweimal aufgefordert, schriftlich beziehungsweise persönlich eine Aussage zu machen. Die persönliche Vorladung wurde nicht wahrgenommen.« Chance vertan.

Der zweite Mitarbeiter des Kirchengerichts, der im Januar 2012 mit dem Weihbischof bei Peter R. zu Besuch ist, ist nicht irgendwer. Als Beisitzer nimmt ein ehemaliger staatlicher Richter am Verfahren teil. Bevor er in Rente ging, war er unter anderem Vorsitzender Richter der großen Strafkammer am Landgericht Berlin. Nun berät er in kirchlichen Strafverfahren. Ein Ehrenamt. Hier finden die beiden Strafrechtssysteme also wieder zusammen.

Und die Canisius-Schüler? Warum hatte man das Angebot von Matthias Katsch und zweier seiner ehemaligen Mitschüler, im Verfahren als Zeugen auszusagen, nicht angenommen?

Im November 2012 hatte das Bistum Berlin sie um ihre Mithilfe und Beteiligung gebeten. Als sich die ehemaligen Canisius-Schüler nach einigen Monaten, die sie mit Nachfragen an das Bistum zu den genauen Prozessabläufen und der Suche nach Freiwilligen verbracht hatten, als Zeugen zur Verfügung stellten, war es – so sieht es das Bistum Berlin – schlicht zu spät. Man hatte das Strafverfahren da bereits begonnen, schreibt die Pressestelle heute auf Nachfrage. »Das Strafverfahren, das sich auf den Fall ›Anna‹ bezog und zu dem Zeugenaussagen vorlagen, drohte zu lange zu dauern. Daher wurde es schließlich auf der Grundlage der vorliegenden Unterlagen abgeschlossen, auch um ›Anna‹ gerecht zu werden.« Bis zum heutigen Tag lägen dem Berliner Offizial keine weiteren konkreten Aussagen von Betroffenen des Canisius-Kollegs vor. Auf nochmalige Nachfrage, dass sich doch drei betroffene ehemalige Schüler im Juni 2013 zur Verfügung stellen wollten, schreibt man: »Sehr unglücklich und bedauerlich ist, dass sich die Entscheidung im Erzbistum Berlin, zunächst den ›Fall Anna‹ zu verhandeln und zu entscheiden«, mit der Ankündigung von Zeugen vom Canisius-Kolleg überschnitten habe. »So konnte der Eindruck entstehen, man habe nun doch kein Interesse an den Zeugenaussagen.« Es gelte aber weiterhin, dass die angekündigten Aussagen der Canisius-Schüler jederzeit eingereicht und in einem neuen Verfahren behandelt werden könnten.

Wie verträgt sich die Auskunft an die Canisius-Schüler, es sei erst einmal zu spät, mit dem konkreten Auftrag aus Rom, ein Strafverfahren zu 41 Personen zu führen, die Peter R. beschuldigen, sie in den Jahren 1970 bis 1988 sexuell missbraucht zu haben? Wie hat man die Beschränkung auf nur einen Fall, Annas, der Glaubenskongregation erklärt? Aus Berlin heißt es ganz allgemein: Es liegen uns bislang keine Aussagen vor, wir haben die Betroffenen aufgefordert, nochmals auf uns zuzukommen. Das haben sie nicht getan.

Im November 2012 hatte das Bistum Berlin die betroffenen Canisius-Schüler um konkrete Namen und Zeugen gebeten, im Mai 2013 dann intern schon einmal das Verfahren in Annas Fall begonnen. Als sich die drei Canisius-Schüler im Juni 2013 zur Aussage melden, sagt man ihnen, es sei nun zu spät. Sieben Monate nach der Anfrage, 40 Jahre nach der Tat.

»Das Absurde ist ja auch«, sagt Matthias Katsch noch, »uns hat niemand gesagt, dass sich das Verfahren nun allein um das Mädchen dreht. Wir dachten bis heute, es geht in unserer Sache weiter. Dass Peter R. – ohne unsere Aussagen – für seine Taten am Canisius-Kolleg verurteilt worden ist. Und die Schule dachte das auch.« Dass dem so ist, belegt ein Blick auf die Internetseiten des Jesuiten-Gymnasiums. Dort schreibt der Rektor der Schule Pater Tobias Zimmermann im Januar 2014 zu dem Kirchenverfahren: »Wie wir der Presse entnehmen konnten, ist nun auch in der Causa des 1995 aus dem Orden ausgetretenen Pater R. das Urteil des Berliner Kirchengerichts gesprochen worden. Der ehemalige Pater R. war in den Missbrauchsfällen, die Ende der siebziger und Anfang der achtziger Jahre am Kolleg stattfanden, einer der beiden Haupttäter. Es ist gut, dass das kircheninterne Verfahren damit zu einem Abschluss gebracht werden konnte. Ich denke, dass mit dem Urteil ein weiterer wichtiger Schritt im kirchlichen Umgang mit Vergehen auf diesem Felde geschehen ist, nicht nur im Blick auf die Opfer aus der Vergangenheit, sondern auch im Sinne der Prävention, zu der wesentlich gehört, potenziellen Tätern deutlich zu machen, dass bei Fehlverhalten auf diesem Gebiet auch mit Konsequenzen zu rechnen ist.«

Man habe das 2013 begonnene Strafverfahren zügig abgeschlossen, um Anna gerecht zu werden, hatte das Bistum Berlin geschrieben. Anna und ihre Großeltern erfahren erst durch diese Recherche, dass es überhaupt einen Kirchenprozess zu ihrem Fall in Berlin gegeben hat. »Ich verstehe es einfach nicht«, sagt Anna, »warum die, die am

meisten damit zu tun haben, darüber nicht informiert werden. Nicht mal ein Brief, dass es überhaupt eine Verhandlung gab!« Nein, sagen auch ihre Großeltern, von einem
Prozess in Sachen ihrer Enkeltochter, von einem Urteil hätten sie nie erfahren. Auch nicht, dass Peter R. zu 4000 Euro
Geldstrafe verurteilt worden sei. »An wen sollte die Geldstrafe denn gehen?«, fragt Annas Großmutter vorsichtig
nach. Dass das Bistum Berlin selbst das Geld einzog, kann
sie nicht fassen. »Ich finde, dass das Bistum unsere Enkeltochter hätte entschädigen müssen, aber da kam nichts
mehr!« Geärgert habe es sie, dass es keine Entschädigung
für Anna gab und keine Hilfe. »Denn sie hat wirklich psychisch sehr gelitten, die ganzen Therapien! Der letzte Kli-
nikaufenthalt war erst im vergangenen Jahr. Dadurch hat
sie auch ein Schuljahr verloren, denn sie war zwei Monate
in der Klinik. Sie hat ja auch Selbstmordversuche hinter
sich. Das stand alles damit in Verbindung.«

Bereits am 22. März 2011, zweieinhalb Jahre vor dem
Urteil des Kirchengerichts, hatten Anna und ihre Großeltern einen Antrag auf eine sogenannte Anerkennungs-
leistung für Missbrauchsopfer der katholischen Kirche
gestellt. Ihm wurde nicht entsprochen. Die Begründung
des Bistums Hildesheim lautet auf Nachfrage: »Da dieser
Antrag nur bearbeitet werden kann, wenn der betroffene
Priester verstorben ist bzw. die Tat verjährt ist, wurde von
einer Bearbeitung des Antrags abgesehen.« Sprich, solange
der Täter im staatlichen System noch zivilrechtlich zu belangen sei, zahle das Bistum keine Entschädigung.

Das Bistum Berlin schreibt auf die Frage, warum man
nie mit Anna selbst gesprochen, sie nie befragt, nie infor-

miert habe, dass das Urteil allein auf Grundlage der kircheninternen Voruntersuchung durch das Bistum Hildesheim und der polizeilichen Untersuchung ergangen sei. »Es gab daher keinen direkten Kontakt zur Betroffenen/Zeugin, folglich wurde sie bedauerlicherweise nicht durch das Berliner Gericht über den Ausgang des Verfahrens unterrichtet. Informiert wurden die Glaubenskongregation und das Bistum Hildesheim.«

Peter R. sitzt im Sommer 2015 am kleinen Esstisch in seiner Wohnung. Wieder und wieder betont er seine Unschuld. Das Strafmaß habe er 2013 trotzdem sofort akzeptiert, das habe auch einen konkreten Grund: »Ich hab die 4000 Euro gelöhnt, denn sonst kriege ich ja keine Rente mehr – ich bin doch im kirchlichen Dienst. Seitdem lebe ich ganz gut«, sagt er zum Schluss. »Ich weiß auch nicht, was das Urteil soll«, er zuckt mit den Schultern. Er habe es so verstanden: »Die Strafe, das war für alles, was mal irgendwie war. Das wurde bei denen zusammengeschmissen mit den alten Vorwürfen, und die sagen dann, na gut, dann zahlst du eben 4000 Euro und fertig … Dann fingen die plötzlich mit dem ›Ruf der Kirche‹ an!« Nein, mit dem Begleichen dieser Summe habe er, seinem Empfinden nach, keine Schuld anerkannt. »Ich hatte danach meine Ruhe. Bis Sie heute kommen.«

Die Bilanz dieser Geschichte: eine Kirche, die auf dem Höhepunkt des Missbrauchsskandals drängende Hinweise auf ein Vergehen an einem Kind monatelang für sich behält, die Informationen dann nur unzureichend an die staatlichen Ermittler weitergibt. Eine Staatsanwaltschaft, die es versäumt, einen der Haupttäter des deutschen Missbrauchsskandals vor Gericht zu stellen. Für geschätzt über einhundert Betroffene: keine Aufklärung, keine Aufarbeitung. Nur ein einzelner Kirchenprozess unter Ausschluss der Öffentlichkeit, von dem die einzige Betroffene, Anna, bis zu diesen Recherchen nichts wusste. Ein Täter, der bislang mit 4000 Euro innerhalb der Kirche und 500 Euro staatlicher Auflage bestraft wurde sowie mit dem Verbot der Ausübung priesterlicher Funktionen und der damit gut leben kann.

Am 30. November 2015 werden Annas Fall und diese Recherche erstmals durch eine ARD-Fernsehdokumentation öffentlich: Opferverbände fordern umgehend den Rücktritt des Hildesheimer Bischofs Norbert Trelle. Es könne nicht sein, sagt auch Matthias Katsch, dass man weder die Erziehungsberechtigten des Kindes informiere noch darauf hinwirke, dass der Fall und alle weiteren Informationen an die Behörden weitergegeben würden. Auch ihre eigenen Fälle hätten so womöglich noch in staatliche Strafverfahren einbezogen werden können. Das alles müsse Konsequenzen haben.

Am Tag nach der Ausstrahlung des Films gibt Bischof Trelle gemeinsam mit Weihbischof Heinz-Günter Bongartz, der das Gespräch mit Anna führte, eine Pressekonferenz. Die Rücktrittsforderung der Canisius-Schüler findet sich auch vor Ort in den Zeitungen. Dazu sagt der Bischof: »Die Forderung eines Kreises von Leuten, die sich mit dem Thema immer wieder befassen, nach Rücktritt des Bischofs muss ich in aller Form zurückweisen, um nicht einen schärferen Begriff zu gebrauchen.« Was Annas erstes Vorsprechen bei ihnen betrifft, sind sich beide Bischöfe einig. Weihbischof Bongartz erklärt: »Es war für mich damals unmissverständlich klar: Das, was mir hier beschrieben wird, ist kein sexueller Übergriff und kann deshalb auch von mir nicht als sexueller Missbrauch eingestuft werden.« Die Schülerin habe nach mehrfachem Befragen eindeutig und unmissverständlich gesagt: »Er habe ihr einen Kuss auf die Wange gegeben, und es sei im Vorfeld bei den Besuchen auch zu Umarmungen gekommen, die sie selbst nicht als …«, er sucht nach dem richtigen Wort, »sympathisch empfunden hat.« »Zeichen der Zuwendung«, ergänzt Bischof Norbert Trelle, »und einen Wangenkuss, oder wie man das sagt, so zur Begrüßung, das ist ja heute unter Jugendlichen fast schon gang und gäbe. Also dass aufgrund dessen schon sofort deutlich sein müsste, dass dieser Pater sich klar an dem Mädchen in irgendeiner Weise vergangen hat, ist nicht einfach anzunehmen.«

Nicht sympathische Umarmungen? Ein Wangenkuss wie unter Jugendlichen? Kein Hinweis auf Missbrauch?

Die Pressevertreter reagieren erstaunt bis entsetzt, das könne doch nicht die Reaktion der Kirche 2015 sein, fünf Jahre nach dem Skandal! Anna fordert nach der Pressekonferenz das Protokoll ihres ersten Termins beim Bistum ein. Sie will lesen, was die kirchlichen Verantwortlichen 2010 aufgeschrieben haben. Das Dokument wird bald eine Wendung bringen.

Dass man auf die Opfer zugehen, ihnen besser zuhören wolle – das hat die Kirche 2010 versprochen. »Ein Kreis von Leuten, die sich mit dem Thema immer wieder befassen« hat Bischof Trelle die Betroffenen genannt. Matthias Katsch kann das nicht verstehen. Er hat nach 2010 zusammen mit anderen den »Eckigen Tisch« gegründet, inzwischen ist er im Betroffenenrat der Bundesregierung zum Thema und setzt sich für eine unabhängige Aufarbeitung der Fälle ein. »Was bei der Institution Kirche dazukommt«, erläutert der ehemalige Canisius-Schüler, »ist dieses von uns sogenannte zweite Verbrechen, nämlich das Vertuschen, Verheimlichen, Leugnen, Missachten der Opfer durch die Institution.« Der Drang, den es offensichtlich immer noch gebe, strafbare Vergehen lieber im eigenen System zu belassen und dort zu klären, sogar juristisch, der mache ihn wütend. »Und ich glaube, bis heute haben die Verantwortlichen nicht begriffen, dass es dieses Verbrechen ist, was uns nach wie vor verletzt und uns nach wie vor auch antreibt.« Man habe seit 2010 einen langen Weg zurückgelegt, auf dem man versucht habe, konstruktiv mitzuarbeiten. Prozesse anzustoßen, auch über den eigenen Fall, die eigene Betroffenheit hinaus, etwas zu entwickeln, etwas für die Gesellschaft zu erreichen, auch für die Kirche im Übrigen. »Und dann zu merken, wie viel Missachtung, wie viel Mangel an Respekt einem da entgegengebracht wird: Das macht wütend. Ganz einfach.«

Die Betroffenen zu hören und zu achten. Das ist das eine. Der Wille zur Aufklärung von Straftaten und zur Kooperation der beiden Rechtssysteme das andere. Kann man einer Institution vorwerfen, dass es ihr schwerfällt, Verbrechen in den eigenen Reihen selbst aufzuklären? Dass Kirchenobere vielleicht sogar in Loyalitätskonflikte zwischen Opfer und Beschuldigte geraten, dass im schlimmsten Fall die notwendige Distanz zu Tatverdächtigen fehlt?

Der Bischof von Hildesheim und sein damaliger Personalreferent sagen der Berliner Staatsanwaltschaft 2010 nicht alles, was sie wissen. Sie übermitteln weder die dutzendfachen Meldungen der Schüler vom Berliner Canisius-Kolleg, mit denen man sich in Hildesheim als für Pfarrer R. personalverantwortliches Bistum in der seit Sommer 2010 laufenden internen Voruntersuchung zu seinem Fall befasst, noch umfangreiche Details zu den Betroffenen aus dem eigenen Bistum noch alle Unterlagen zu Annas Fall. Dazu sagt Bischof Norbert Trelle auf besagter Pressekonferenz nicht viel: »Wenn eine Staatsanwaltschaft nicht von sich aus auf die Idee kommt, das gesamte Spektrum auszuleuchten … Dann ist sie einfach in der Recherche schlampig.« Weihbischof Heinz-Günter Bongartz nickt. »Ich sage Ihnen an dieser Stelle sehr deutlich und unmissverständlich: Ich wünschte mir, ich wünschte mir von ganzem Herzen, dass die Staatsanwaltschaft dieses Verfahren noch einmal aufgreift. Ohne Wenn und ohne Aber. Ich wünschte es mir.« Dass dieser Wunsch ein frommer ist, dürfte den Bischöfen bewusst sein, Annas Fall ist schließlich juristisch längst abgeschlossen und kann nicht wieder aufgerollt werden. Die Staatsanwaltschaft Berlin hatte angekündigt, noch einmal zu prüfen, ob sich unabhängig von Annas Fall eventuell doch noch neue Ermittlungshinweise ergeben.

Am 15. Dezember 2015 macht Anna selbst Details aus dem bislang unter Verschluss gehaltenen Protokoll öffentlich, das ihr das Bistum nun zur Verfügung gestellt hat. Nicht in Gänze, das obere Drittel der ersten Seite wurde auf einem Kopierer abgedeckt, aber immerhin. Schon der verbleibende Teil spricht für sich, allein die Überschrift lässt aufhorchen. Unter der Zeile »Ablage: Missbrauch 2010« hat der heutige Weihbischof Bongartz unter anderem Folgendes zu Annas Berlinbesuch vermerkt: »Vor 1,5 Jahren sei sie allein für vier Tage nach Berlin mit dem Zug gefahren und habe bei Pfr. (…) übernachtet. Sie hätten gemeinsam im Wohnzimmer geschlafen (…) Dabei sei dann R. ihr nahe gekommen und habe ihr einen Kuss auf die Wange gegeben. Sonst sei aber nichts geschehen. (…) Aber schon in früheren Zeiten habe R. immer wieder Situationen herbeigeführt, in denen er mit ihr allein gewesen sei. Er sei dabei aufdringlich geworden (Umarmungen), aber nie übergriffig. Außerdem habe er immer wieder große Geschenke gemacht (Spiegelreflexkamera), mehrmals sogar, sodass sie mehrere Kameras bereits verkauft habe.«

Kein Hinweis auf unlauteres Verhalten eines deutschlandweit verdächtigten Missbrauchstäters, eines 64-jährigen Pfarrers, gegenüber einer Zehnjährigen?

Nun berichtet die Presse wieder über den Fall. »Geheimprotokoll erhöht Druck auf Bischof Trelle« überschreibt Peter Wensierski auf Spiegel Online seinen Artikel zum Fall und führt aus, dass inzwischen die Glaubwürdigkeit Trelles auf dem Spiel stehe. Auch die lokalen Zeitungen im Bistum Hildesheim sind voll, »Bischof unter Beschuss«, der NDR berichtet täglich.

Als die Kritik nicht abreißt, schreibt Norbert Trelle am 18. Dezember 2015 einen offenen Brief an seine Mitarbeiter. Er gesteht darin erstmals Fehler ein: »Aus heutiger Sicht und mit der Erfahrung von fünf Jahren Aufarbeitung von sexuellem Missbrauch würden wir heute anders entscheiden und vorgehen. Dass wir damals so entschieden haben, bedauern wir heute sehr. Womöglich wäre es dem Mädchen eine größere Hilfe und Unterstützung gewesen, wenn man sich im März 2010 über seine ausdrückliche Bitte hinweggesetzt und trotz oder wegen seiner zurückhaltenden Schilderung das Gespräch mit den erziehungsberechtigten Großeltern gesucht und/oder unmittelbar die Staatsanwaltschaft kontaktiert hätte.« Vier Wochen später, im Januar 2016, vermeldet der Bischof, man wolle Anna nun doch entschädigen. Mit 4000 Euro. Die Höhe, so schreibt das Bistum in einer Pressemitteilung, orientiere sich »an der Summe, die im kirchenrechtlichen Verfahren zugunsten eines Opferschutzfonds festgesetzt worden ist«. Anlass der Zahlung sei die zu diesem Zeitpunkt bekannt gegebene Entscheidung der Berliner Staatsanwaltschaft, keine weiteren strafrechtlichen Ermittlungen gegen Peter R. durchzuführen. Nein, gesteht man auf weitere Nachfrage ein, einen Kontakt zwischen dem Bistum und der Behörde habe es nicht gegeben.

»Mit der Anerkennungszahlung hofft das Bistum, ein Signal an die junge Frau geben zu können, dass das Bistum das von ihr erlittene Unrecht außerordentlich bedauert und klar verurteilt«, heißt es in einer Pressemitteilung. Gleichzeitig biete die Kirche der Frau weiterhin an, sie bei der Bewältigung der seelischen Folgen des Missbrauchs zu unterstützen.

Es scheint, als ob die Geschichte hier zu Ende wäre. Doch im Januar 2016, als die Fotos von Peter R. in den Zeitungen sind, meldet sich eine weitere mutmaßlich von ihm missbrauchte Frau erstmals öffentlich. Sie hat es lange niemandem erzählt, nicht den Behörden, nicht ihren Eltern, nicht ihrer Tochter, die sie als Kleinkind fortgegeben hat: Es ist Annas Mutter.

»Das kam in diesen Tagen alles wieder hoch«, sagt sie zu ihrer Entscheidung. »Ich habe es die Jahre für mich behalten, mit niemandem darüber gesprochen.«

Es kommt heraus, dass das Bistum Hildesheim diesen Verdacht schon lange kennt. Genauer: seit dem 4. März 2010. Diakon Otto, Peter R.s Nachfolger, hatte dem Weihbischof bei seinem Anruf, mit dem er Annas Besuch ankündigte, erzählt, dass auch Annas Mutter möglicherweise von Peter R. missbraucht worden sei. Ein Verdacht. Nicht mehr, nicht weniger in dieser aufgewühlten Zeit.

Im Januar 2016 schriftlich mit dem neuen Fall konfrontiert, gibt das Bistum Hildesheim auf einmal an: Genau das stehe auch im oberen Teil des Protokolls von jenem 4. März 2010. Es ist der Teil des Dokuments, den das Bistum auf dem Kopierer abgedeckt hatte, bevor es Anna ausgehändigt wurde. Aus »Gründen des Datenschutzes und aus persönlichkeitsrechtlichen Gründen« hatte man ihr gesagt.

Auf die Frage, warum dem Verdacht nie nachgegangen worden sei, schreibt die Pressestelle des Bistums Hildesheim, es habe sich bei Diakon Ottos Hinweis nur um einen »allgemeinen Verdacht« gehandelt, »dass wahrscheinlich auch die Mutter des Mädchens von Peter R. sexuell belästigt worden sei«. Man habe den Diakon schon damals darauf hingewiesen, »dass auch die Mutter sich bei den Ansprechpartnern des Bistums für Verdachtsfälle sexuellen Missbrauchs melden solle«. Das habe die Betroffene aber bislang nie getan.

Man habe den Sachverhalt aber nun an die Behörden weitergegeben – an die Staatsanwaltschaft Berlin.

Inzwischen beschäftigt der Missbrauchsskandal von Hildesheim auch Johannes-Wilhelm Rörig, den Missbrauchsbeauftragten der Bundesregierung. Zuerst Anna, nun ihre Mutter – wie viele Opfer gibt es noch im Bistum Hildesheim? »Ich habe den Eindruck, dass da immer noch eine Tendenz ist, die Institution schützen zu wollen, indem man Informationen zurückhält und Tatsachen nicht nach außen trägt, also Transparenz verhindert. Ich fordere das Bistum auf, dass sie jetzt einen unabhängigen Ermittler einsetzen, der schaut, ob noch weiterer Verdacht im Raum steht.«

Am 29. Januar 2016 gibt das Bistum Hildesheim bekannt: Man wolle einen solchen Ermittler »zeitnah« einsetzen. »Längst überfällig« kommentieren die Zeitungen. »Es geht um das Vertrauen der Katholiken in ihre Kirche. Dieses Vertrauen beschädigt, wer nur häppchenweise zugibt, was ohnehin nicht mehr zu verheimlichen ist, anstatt in die Offensive zu gehen.« Und: »Mögen Taten wie die aktuelle juristisch auch verjährt sein, die Wahrheit muss ans Licht«, schreibt die Hildesheimer Allgemeine Zeitung. »Um der Opfer willen. Und aller Christen, denen der Ruf der Kirche nicht egal ist.« Fast sieben Monate später, am 14. August 2016, meldet das Bistum Hildesheim, dass man nun das Institut für Praxisforschung und Projektberatung (IPP) aus München mit der externen Aufarbeitung des Verdachts des sexuellen Missbrauchs im Fall Peter R. beauftragt habe. Die Mitarbeiter des IPP, so steht es in einer Pressemitteilung des Bistums, sollen klären, ob es neben den bekannten Missbrauchsvorwürfen weitere Hinweise auf sexuelle Übergriffe auch durch Peter R. im Bistum gebe. »Darüber hinaus sollen sie bewerten, wie die Entscheidungsträger des Bistums mit den Fällen umgegangen sind und ob es ein institutionelles Versagen gegeben hat, das die mutmaßlichen Missbrauchstaten erleichtert und deren Verfolgung erschwert hat.« Die Ergebnisse der Untersuchung würden für Mitte 2017 erwartet. Auch Bischof Trelle äußert sich an diesem Tag noch einmal schriftlich: »Transparenz in der Aufarbeitung von sexuellem Missbrauch innerhalb der Kirche ist uns sehr wichtig. Deshalb ist es gut und richtig, die im Raum stehenden Vorwürfe von einer unabhängigen Institution möglichst umfassend beleuchten und würdigen zu lassen.«

Und es gibt eine weitere Neuigkeit in diesem Monat. Nach zahlreichen Nachfragen für dieses Buch an das Bistum Berlin meldet sich der dortige Missbrauchsbeauftragte auf einmal bei Matthias Katsch: Der Bischof sei eventuell willens, den Prozess in den Fällen der Canisius-Schüler noch einmal anzustoßen. »Ich war schon sehr perplex, erzählt Mathias Katsch von seiner Reaktion auf die Anfrage, »aber ich habe dann zugesagt, bei einem möglichen Prozess auszusagen.« Natürlich habe er darüber nachgedacht, ob er sich überhaupt noch einmal auf ein solches Verfahren einlassen solle, aber es gebe am Ende zu viele gute Gründe, die dafür sprächen: »Die Opfer sollen endlich auch im Raum der Kirche Gehör finden mit ihren Geschichten. Sie sollen dort Anerkennung und Genugtuung bekommen. Der Täter muss endlich sichtbar und klar aus seinem Amt entfernt werden, der Schutz der Institution muss ihm entzogen werden, auch finanziell, die Taten müssen in einem Verfahren

festgestellt werden. Peter R. hat ja eine sektenartige Jugendarbeit betrieben, in die er uns alle hineingezogen hat. Wenn
das in einem solchen Prozess zur Sprache gebracht werden kann, dann wäre das schon eine enorme Erleichterung.
Und schließlich: Solange der Täter sich unbehelligt fühlt,
besteht das Risiko, dass er erneut Menschen schädigt.«
All dies motiviere ihn zu einem neuen Anlauf. Allerdings
werde er nicht noch einmal selbst auf die Suche nach weiteren Freiwilligen gehen. »Ich gehe davon aus, dass das Bistum nun eigenständig Zeugen recherchiert. Der Auftrag
aus Rom mit dem Hinweis auf mindestens 41 Betroffene
aus der Zeit vor 1988 existiert ja. »Für mich ist es so«, sagt
Matthias Katsch zum Schluss, »ich bin ein zutiefst optimis-
tischer Mensch oder eben völlig naiv in meiner Hoffnung,
dass die Geschichte am Ende doch irgendwie gut ausgehen
muss. Auch wenn es für manche Opfer dann schon zu spät
ist oder sein wird.«

Nach dem Missbrauchsskandal 2010 war ein Ruck durch die
katholische Kirche gegangen. Die deutschen Bistümer haben sich mit den Leitlinien, inzwischen in Diözesangesetzen
zementiert, selbst strenge Vorgaben gegeben, zur Kooperation mit den Behörden verpflichtet. Nun muss man fragen:
Wer prüft, ob diese Versprechen gehalten werden?

Ein Priester, der sich zu einem Kind ins Bett legt, verstößt
gegen den eigenen moralischen Anspruch. Ein Bischof, der
das bagatellisiert, der nicht mit den Betroffenen spricht,
ebenso. Auch im Namen der Katholiken, die sich seit Jahren um ein Umdenken bemühen, stellt sich die Frage, wem
man in solchen Fällen die Aufklärung überlässt. Verdacht

sei ein juristischer Begriff, und da sei die Staatsanwaltschaft zuständig, dieser Meinung waren 2010 auch führende Kirchenvertreter. Das würde bedeuten, die Lösung kann nur sein, strafrechtliche Verfehlungen auch der weltlichen Strafverfolgung zu überlassen, nicht zuletzt, um weiteren Missbrauch zu verhindern.

Wer übernimmt in Fällen wie diesen nun die Verantwortung? Seit 1983 gibt es mit dem Canon 1389, Paragraf 2, im Kirchenrecht einen neuen kirchlichen Straftatbestand: Wer jemandem aus schuldhafter Nachlässigkeit durch die Setzung oder Unterlassung einer Amtshandlung Schaden zugefügt hat, soll mit einer gerechten Strafe belegt werden. Das gilt auch für einen Bischof, der rechtlich erforderliche Schritte unterlässt. Er konnte und kann dafür vom Papst zur Rechenschaft gezogen werden. Von einer Anwendung dieses Strafgesetzes in den vergangenen Jahren ist allerdings nichts bekannt. Papst Franziskus hat zwar mehrfach betont, auch versagende Diözesanbischöfe müssten sich verantworten, es aber lange bei Worten belassen. Am 4. Juni 2016 nun hat er kirchengesetzlich eine Vorgehensweise zur Amtsenthebung von Bischöfen verfügt, die objektiv schwer nachlässig mit Missbrauchsfällen umgegangen sind.

»Ob diesem Gesetz nun Taten folgen, wie die Opfer schon lange fordern, bleibt wieder einmal abzuwarten«, analysiert Kirchenrechtler Norbert Lüdecke die Papstverfügung, »man darf gespannt sein, was genau man als ›schwere Nachlässigkeit‹ werten wird.«

In Deutschland sei die Diskussion um die konkrete Verantwortung der Bischöfe im Vergleich zu anderen Ländern noch so gut wie gar nicht geführt worden. »Bei uns wird ganz entscheidend sein: Wird zum Beispiel das von den Bischöfen aktuell mit einer Missbrauchsstudie beauftragte 21-köpfige Forscherkonsortium aus Kriminologen, Forensikern und Gerontologen bei amtlicher Nachlässigkeit auch konkret werden dürfen, oder werden die Namen der jeweils handelnden Bischöfe und anderer Verantwortlicher weiterhin im Geheimarchiv versteckt? Sollte es zur Entlassung eines Bischofs kommen: Zollt man den Gläubigen Respekt, indem man das Versagen offenlegt? Wer glaubt, Vertrauen und Ehrfurcht gegenüber den Hirten weiter gesetzlich vorschreiben zu können, hat jedenfalls nichts verstanden. Durch Fahrerflucht ist Glaubwürdigkeit nicht zu gewinnen.«

Als das Urteil in Peter R.s Fall Ende 2013 ergeht, hat Elke Rogosky ebenfalls schon anderthalb Jahre Kirchenverfahren hinter sich – und noch zwei Jahre vor sich.

Sie hat ihr Verfahren im Frühjahr 2012 begonnen. Im Jahr danach wurden sie, ihr Exmann, ihr Bruder und zwei Freundinnen als Zeugen zur Sache vernommen. Mit welchem Ergebnis, das weiß Elke Rogosky nicht. Sie wartet Anfang 2013 auf eine Nachricht aus dem Kölner Kirchengericht, dass die Beweisaufnahme nun abgeschlossen sei. Da kommt aus dem Nichts ein Anruf. Es gehe nun noch um die Überprüfung ihrer Glaubwürdigkeit. Zwei weitere Zeugen werden dazu vernommen werden.

So wenig man die beiden Prozesse, die Ehe- und die Strafverfahren der katholischen Kirche in Deutschland, miteinander vergleichen kann, die Frage muss erlaubt sein: Milde bei Missbrauch – Härte bei Geschiedenen?

12.

Zwei Stunden im Pfarrbüro
Die Überprüfung der Glaubwürdigkeit

Elke Rogosky erinnert sich an den ungewöhnlichen Anruf genau: Er kam, als sie ihre Mutter gerade im Altenheim
besuchte. Sie seien ein paar Schritte an die Luft gegangen,
hätten auf einer Bank im Park gesessen, da habe ihr Handy
geklingelt.

Am anderen Ende der Leitung ist der katholische Pfarrer ihrer Heimatgemeinde, den Elke Rogosky nie zuvor gesehen, nie zuvor gesprochen hat. »Ich bin dort im Gemeindeleben überhaupt nicht angebunden und habe mich erst
mal gefragt: Woher hat er denn meine Handynummer?«

Der Pfarrer sagt Elke Rogosky am Telefon, er habe vom
Kölner Kirchengericht den Auftrag bekommen, ein Glaubwürdigkeitszeugnis über sie zu erstellen, als ihr Gemeindepfarrer sei er dafür zuständig. Er würde deshalb gern einmal mit ihr sprechen, so bald wie möglich.

»Das war vollkommen skurril. Zum einen macht man
sich natürlich direkt Sorgen um den Ausgang des Verfahrens, denn offensichtlich, so mein Gefühl, glauben
die Richter bislang nicht, dass ich vertrauenswürdig bin.«

Natürlich habe sie das enorm unter Druck gesetzt. Sie habe überhaupt nicht einschätzen können, welche Wichtigkeit dieses Gespräch mit dem Pfarrer für den Ausgang ihres Verfahrens gehabt habe. »Ich hatte Angst, wenn ich Nein sage, und das war ehrlich gesagt mein erster Impuls: Hat das vielleicht negative Konsequenzen für meinen Prozess? Das weiß man ja nicht.« Deshalb habe sie das Gespräch sicherheitshalber zugesagt, obwohl sich das nicht gut angefühlt habe. »In dem Moment ist man so darauf geeicht, dass das Verfahren vernünftig läuft, dass man nach Möglichkeit alles mitmacht. Aber natürlich fragt man sich: Ergibt das Sinn, dass mich jemand einschätzt, der mich gar nicht kennt? Wie will er nach einem einzigen Gespräch meine Glaubwürdigkeit beurteilen?«

Elke Rogosky verabredet sich mit dem Pfarrer in seinem Büro. Zwei Stunden erzählt sie ihm von ihrem Liebesleben. Danach schickt er seine Einschätzung ans Kölner Kirchengericht.

»Das zeigt wieder«, ergänzt Peter Otten, »wie anachronistisch die Eheverfahren sind.« Nur weil Elke in der Gemeinde wohne, heiße das doch schon lange nicht mehr, dass der Pfarrer sie auch kenne. »Das hat ja mit der Lebensrealität nichts mehr zu tun.« Außerdem, so Peter Otten, sage diese Sache für ihn viel über das Amtsverständnis einiger Kirchenmitarbeiter aus: »Die könnten doch auch sagen: Ich kenne Elke Rogosky gar nicht, fragen Sie jemand anderen. Aber wenn es offiziell wird, funktionieren die Rollen. Hinter vorgehaltener Hand ist alles anders. Da sagen auch viele Amtsvertreter, dass sie das ganze Verfahren absurd finden. Aber eben nur leise oder nach fünf Kölsch.«

Am Ende macht Elke Rogosky dem Kölner Kirchengericht selbst einen Vorschlag: Sie könne noch weitere Zeugen benennen, die zu ihrer Glaubwürdigkeit aussagen und
die sie besser kennen würden. Eine Kirchenmitarbeiterin,
die sie gut kennt, und ein befreundeter Pfarrer könnten sicher etwas zu ihr schreiben. Das Gericht willigt ein – und
lädt die beiden Zeugen vor. »Und so wurden die beiden
dann im Hinblick darauf vernommen, ob ich ein glaub-
würdiger und wahrheitsliebender Mensch bin.«

Kirchenrichter Wolfgang Strecker kann nichts zu Elke
Rogoskys Fall sagen, natürlich nicht. Aber er kann diesen
Teil des Verfahrens ganz allgemein erklären.

Er schreibt, er mache jedem beteiligten Zeugen zuerst
seine konkrete Rolle im Verfahren deutlich. »Die Betroffenen denken zu Beginn oft, sie müssten für oder gegen
jemanden aussagen. Ich versuche dann zu verdeutlichen,
dass ihre Rolle vielmehr die ist, Licht auf ein noch dunkles
Bild zu werfen, eben weil eine Beziehungsgeschichte eine
sehr komplexe Angelegenheit ist, von der sich das Gericht
ein möglichst vollständiges Bild machen möchte.« Dazu
gehöre dann natürlich nicht nur die Wahrnehmung der
Partner selbst, sondern auch die von Dritten und im weiteren Kreis die der Glaubwürdigkeitszeugen. »Die Glaubwürdigkeitszeugen sind dafür da, die Glaubhaftigkeit und
die Beweiskraft der Aussage des Klägers einzuschätzen.
Die Einschätzung dieser Zeugen fließt in die Würdigung
seiner Aussage durch die Richter mit ein. Mögliche Fragen
an sie könnten sein: ›Sagt derjenige der Erfahrung nach
die Wahrheit? Ist er verlässlich oder hat man gegenteilige
Erfahrungen gemacht?‹ Man kann sagen, es geht darum,

herauszufinden, ob die betreffende Person vertrauenswürdig ist.« Problematisch sei allerdings, dass die Einschätzung der Glaubwürdigkeit von Personen immer auf der Annahme beruhe, dass jemand, der in der Vergangenheit nach den moralischen Regeln der Gesellschaft gehandelt hat, auch in dieser konkreten Sache belastbare Angaben mache.

Wolfgang Strecker schreibt, dass er in der Praxis die Beweiskraft jeder Zeugenaussage noch einmal prüfe. »Ich schaue zunächst, ob mir Zweifel an der Glaubwürdigkeit der Person kommen. Außerdem, ob der Zeuge aus eigenem Wissen aussagt, als Augen- oder Ohrenzeuge, oder aber Vermutungen, Gerüchte oder Aussagen Dritter wiedergibt.« Dazu komme die Konsistenz der Zeugenaussage. »Das heißt: Hält die Aussage meinen Nachfragen stand? Gibt es offenkundige und nicht erklärbare Widersprüche?« Außerdem sei auch nicht unerheblich, ob es weitere Zeugen gebe, die das Gleiche aussagen, und ob es weitere Beweise gebe, die die Aussage des Zeugen bestätigen.

An dieser Stelle kommt auch der Ortspfarrer aus Elke Rogoskys Fall ins Spiel. Der Richter als »Herr des Prozesses« kann von sich aus über das Beweisangebot der Parteien hinaus die Erhebung von Beweisen durchführen. Unterstützend, so erläutert Wolfgang Strecker, könne auch das Einholen der Einschätzung beispielsweise des zuständigen Ortspfarrers sein. »Meiner Meinung nach ist das aber nur sinnvoll, wenn der Betreffende die Person auch kennt.«

Abschließend müsse man noch einen weiteren Aspekt zum Thema Glaubwürdigkeit berücksichtigen: dass

Zeugen im Eheverfahren ja auch vereidigt würden. »Das heißt, sie schwören, die reine und volle Wahrheit gesagt zu haben, worüber sie natürlich vor ihrer Aussage belehrt werden. Ist der Zeuge einverstanden, kann ich nicht davon ausgehen, dass jemand vorhat, einen Meineid zu leisten, das heißt, sich strafbar zu machen und sich auch moralisch höchst fragwürdig zu verhalten. Schließlich ist der Eid die Anrufung des göttlichen Namens als Zeuge für die Wahrheit!« Sollte ein Meineid in irgendeiner Weise ruchbar werden, könnte das Gericht das Verfahren wieder aufnehmen – ein negatives Urteil sei dann wahrscheinlich.

Nachdem in Elke Rogoskys Fall vor dem Kölner Kirchengericht zwischen Sommer 2012 und Sommer 2013 sechs Zeugen befragt worden sind, bekommt sie einen Brief: Die Beweisaufnahme sei abgeschlossen, sie habe nun das Recht auf Akteneinsicht. »Ich wollte erst gar nicht. Ich wollte mir das nicht durchlesen, was meine Freunde und mein Bruder da über mich gesagt haben, was sie gefragt wurden.« Aber der Kirchenrechtler, der sie beraten hat, habe ihr dringend nahegelegt, diesen Termin wahrzunehmen. Es sei die letzte Chance zu widersprechen, falls sich in den Akten etwas falsch darstelle. Und so macht Elke Rogosky sich auf, um sich die Einschätzungen ihres Umfelds zu ihr selbst und ihrem Liebesleben durchzulesen. Es wird für sie einer der härtesten Momente in ihrem Verfahren werden.

Gemeinsam mit Peter Otten fährt sie nach Essen. Im dortigen Kirchengericht liegen ihre Unterlagen, in diesem Bistum hat sie mit 22 geheiratet.

»Peter hat draußen auf mich gewartet, und ich wurde in einen leeren Raum gesetzt, mit der Akte. Ich durfte nichts kopieren, nur Notizen machen. Und dann konnte ich über viele Seiten lesen, was die anderen über mich gesagt haben und wie glaubwürdig meine Zeugen nach Ansicht des Kirchengerichts sind.« Ihr sei vorher nicht bewusst gewesen, dass jeder ihrer Zeugen in seiner Vertrauenswürdigkeit von den Gerichtsmitarbeitern eingeschätzt werde. »Jeder hatte sein eigenes kleines Glaubwürdigkeitszeugnis, das jeweils hinter der Vernehmung angeheftet war. Fast wie Arbeitszeugnisse waren die formuliert.« »Eindruckzeugnis« heißt der gängige Fachbegriff. Elke Rogosky studiert über zwei Stunden lang die Vernehmungen ihrer Freunde, ihrer Familie und ihres Exmannes.

Sie erfährt, was ihr älterer Bruder über ihre gemeinsame Kindheit gesagt hat, dass er meine, dass auch Elke deutlich gespürt habe, was um sie herum passiert sei, wie sich die Alkoholkrankheit des Vaters auf die Familie ausgewirkt habe. Ihr sei, so sagt er aus, danach nur folgerichtig klar gewesen, dass sie selbst in solch einer Situation nicht ausharren wollen würde, sondern gehen, die Ehe beenden würde. Elke sei deshalb immer in aller Strenge mit sich umgegangen und habe schon früh konsequent ihren eigenen Weg gemacht, ihr eigenes Geld verdient, sich auf sich selbst verlassen. Das sei ihr Wesen.

Auch Elke Rogoskys Freundinnen werden zu ihren Charaktereigenschaften, ihrer Zielstrebigkeit gefragt. Sie schätzen unter Eid ein, wie sie Dinge im Leben angeht, wie sie ihre beruflichen Ambitionen umsetzt. Ob sie da auch mal radikal gewesen sei, fragen die Vernehmungsrichter, berufsbezogen und erfolgsorientiert. Sie versuchen, in den Gesprächen herauszuarbeiten, was für ein Mensch Elke Rogosky ist. Alles wird abgeglichen mit ihrer Klagebehauptung, sie habe damals, bei der Eheschließung mit 22, eine spätere Trennung aufgrund ihrer Biografie für möglich gehalten und sich aus Karrieregründen erst einmal keine Kinder vorstellen können. Außerdem geht es darum, die Fakten zu überprüfen: Stimmt das, was sie ausgesagt hat? Sind die Details korrekt?

Auch Elke Rogoskys eigenes gerichtliches Geständnis findet sich in den Unterlagen: Wie genau hat sie damals dafür gesorgt, dass sie keine Kinder bekommt? Mit welchen Mitteln? Hat sie konsequent verhütet? Wusste ihr Mann das? War er damit einverstanden? Auch ihre Freundinnen und ihr Bruder werden das gefragt. Ob sie durchgängig verhütet habe, wann sie darüber gesprochen hätten. Schon vor der Eheschließung?

Bis zu diesem Moment wundert sich Elke Rogosky nicht besonders. Dass auch den anderen sehr persönliche Fragen gestellt werden, hatte sie gewusst. Doch dann fällt ihr beim Vergleich der Aussagen auf, dass ihren Zeugen zusätzliche Fragen gestellt wurden. Etwa die, welcher Raum in der Wohnung der damals frisch Vermählten das Kinderzimmer hätte sein können. Hatte sich das Paar vielleicht doch schon ein Zimmer für ein Baby ausgeguckt? Und Elke Rogoskys Bruder wurde gefragt, ob er allgemein etwas über den Bezug seiner Schwester zu Kindern sagen könne. Wie hat sie auf die Geburt seiner Tochter reagiert? Hat sie sie thematisiert, zur Kenntnis genommen? Wie geht sie mit seinen Kindern um? All diese Fragen sind Elke Rogosky neu. Hier geht es nicht mehr nur um ihr Wesen, auch nicht mehr um die Überprüfung von Fakten. Hier geht es nun um ihre Glaubwürdigkeit.

Ist Elke Rogosky eine aufrichtige und vertrauenswürdige Person? Ja, ganz sicher, sagt die mit ihr gut bekannte Kirchenmitarbeiterin. Sie erzählt, wie beeindruckt sie von Elke Rogoskys gemeinnütziger Arbeit sei, wie sie sich noch neben ihrem eigenen Job für andere einsetze. Der Pfarrer sagt, dass er selten jemand erlebt habe, der so gewissenhaft sei wie sie. Das heißt, so fragen die Vernehmungsrichter nach, Elke Rogosky würde nie um eines persönlichen Vorteils willen Unwahres aussagen?

»Und spätestens dann«, Elke Rogosky atmet einmal tief ein, »beschleicht einen langsam ein unangenehmes Gefühl.« Weshalb, kann sie genau erklären: »Man sagt mir vorher, im Beratungsgespräch, dass man mit einem hohen Grad der Wahrscheinlichkeit in der Vernehmung merke, ob ich die Wahrheit spreche oder nicht, aufgrund der Erfahrung, die man hat. Dann sage ich da aus, werde vernommen und schwöre auf die Bibel. Ich bin offen und gebe alles preis, die persönlichsten Dinge.« Und dann werde man sofort bewertet, sobald man den Raum verlasse. »Es wird notiert, ob man etwa spontan oder zögerlich auf Fragen geantwortet hat, und was das über die eigene Glaubwürdigkeit aussagt. Dieses so unglaublich verletzende Misstrauen mir gegenüber, mit dem zudem alle konfrontiert werden, die mir lieb sind. Da hilft dann auch keine vielleicht gut gemeinte Erklärung mehr, dass die Vernehmungsrichter doch empathisch seien, dass das sogar Seelsorge sein soll, das Verfahren. Will man den Menschen wirklich glauben, sogar vergeben?« Das könne sie sich nicht vorstellen. »Man fühlt sich als Schuldige, als Angeklagte.«

»Das Schlimme ist«, ergänzt Peter Otten, »dass sie das Verfahren in ein pastorales Kleid hüllen und behaupten, seelsorgerisches Interesse zu haben. Das beißt sich meines Erachtens mit dem juristischen.«

Wolfgang Strecker macht seine Arbeit als Kirchenrichter aus Überzeugung. Und ja, sagt er zu der konkreten Kritik, die sei ihm wohlbekannt. Er schicke in solchen Fällen immer voraus: »Kirchlich zu heiraten ist, obschon dies natürlich verständlicherweise oft in den Köpfen nicht präsent ist, auch ein Rechtsakt, nämlich eine öffentliche Willenserklärung, im Regelfall vor einem Kleriker und zwei Trauzeugen und der versammelten Festgemeinde.« Die Eheschließung erfolge also öffentlich und gemäß einem geordneten Ritus, den die Kirche festlegt. Wende sich nun jemand vor dem kirchlichen Gericht gegen diese Rechtsvermutung, so sei klar, dass es auch hierfür ein geordnetes Verfahren gebe, das die Kirche anwende. Es gehe um eine Tatsachenfeststellung mit juristischen Folgen. »Dass hierbei auch Emotionen Platz finden, versteht sich und schließt sich im Übrigen auch nicht aus.«

Der letzte Canon des *Codex des kanonischen Rechts* benenne, was stets das höchste Gesetz der Kirche sein müsse, nämlich das Heil der Seelen. Es gehe eben auch um die heile, die gesunde Seele, den gesunden Geist. »Darum sorgt sich auch – auf seine spezielle Weise – das Offizialat und deshalb ist die Aufgabe natürlich nicht nur juristisch, sondern auch seelsorgerisch und pastoral, auch wenn das häufig, sogar von vielen Klerikern, aus bloßer Unkenntnis oder grundsätzlichem Desinteresse nicht gesehen oder verstanden wird.« Er sei sich sicher, die Verfahren können denjenigen helfen, die am katholischen Eheideal gescheitert sind. »Wir helfen dabei, angesichts des Anspruchs dieses Ideals trotzdem nicht die Hoffnung zu verlieren oder in Verzweiflung stehen zu bleiben.«

Ihm werde von den Parteien häufig zurückgemeldet, dass es als hilfreich erlebt worden sei, mit der eigenen Geschichte noch einmal konkret konfrontiert worden zu sein, als förderlich für die Verarbeitung. »Letztlich auch, um ein Stück zur Ruhe kommen zu können, irgendwie Frieden zu finden. Es ist tatsächlich so, dass vielen Menschen konkrete Ansprechpartner fehlen, die sie mit ihrem Scheitern konfrontieren können. Dass Beziehung Privatsache ist, stimmt freilich, aber es ist interessant festzustellen, dass gerade Freunde und Bekannte ein Teilhaben an einer Beziehung oftmals geradezu ablehnen: Wenn man beispielsweise beste Freunde oder Freundinnen danach fragt, ob sie gegen die Eheschließung der Parteien Bedenken hatten, ist die Antwort oft ›Ja‹ und wird ausführlich begründet.« Wenn er aber dann danach frage, wem sie von diesem Bedenken erzählt haben, ob sie den Freund oder die Freundin darauf angesprochen hätten, sei die Reaktion oft die gleiche: ›Natürlich nicht, das ging mich nichts an, ich wollte nichts kaputt machen.‹«

Ein weiterer, letzter Punkt komme dabei noch hinzu: »Gerade wenn die Parteien im Zuge der Akteneinsicht vielleicht auch ein in der Akte befindliches psychologisches Gutachten lesen, wird ihnen häufig noch einmal vieles deutlich beziehungsweise verständlich. Oft stehen Menschen vor den Scherben ihrer Beziehung, wissen aber nicht wirklich zu benennen oder können überhaupt nicht verstehen, wie es denn überhaupt zu dem Scherbenhaufen gekommen ist.«

Ob die Betroffenen den Ehenichtigkeitsprozess als hilfreich bei der Verarbeitung ihrer Trennung empfinden, hängt sicher auch damit zusammen, wie sehr sie das katholische Ideal von der Ehe noch für sich selbst akzeptieren. Was, wenn man die eigene Trennung überhaupt nicht als Scheitern empfindet?

Ein psychologisches Gutachten kann helfen, die eigene Niederlage besser zu verstehen, hat Wolfgang Strecker gesagt. Er bezieht sich auf die »psychische Eheunfähigkeit«. Wenn dies der Klagegrund in den Eheprozessen ist, werden externe Fachgutachter von den Gerichten um ihre Einschätzung gebeten. Psychologen untersuchen dann die Kläger oder ihre Partner und teilen dem Kirchengericht ihre Einschätzung mit – es ist eine verantwortungsvolle Aufgabe, die nicht jeder übernehmen darf.

13.

Gutachter mit christlicher Weltsicht

Die psychologischen Untersuchungen

Eine Praxis am Rand von München: zwei stumpfschwarze Ledersessel, eine passende Therapeutenliege, ein weinroter Teppich, unempfindliche Topfpflanzen. Auf einer Aufstelltafel steht: »Selbstakzeptanz, Skala 0 bis 10«. Die Bücherregale reichen bis unter die Decke. Hier begutachtet Rainer Wallerius die psychische Verfassung von Kirchenprozessteilnehmern zum Zeitpunkt ihrer Eheschließung. Die Betreffenden werden von den Gerichten an ihn verwiesen, um ihre »psychische Ehefähigkeit« zu überprüfen. Rainer Wallerius ist promovierter Psychologe. Obwohl es an diesem Tag sehr heiß ist, trägt er Hemd und Anzugjacke. Die grauen Haare hat er quer über den Kopf gekämmt, im Nacken kräuseln sich die grauen Locken, die Augenbrauen sind buschig. Er tupft sich die Stirn mit einem Stofftaschentuch.

»Ich sitze normalerweise da«, er zeigt auf einen der beiden Ledersessel. »Wir sitzen über Eck, der Klient und ich, und dann beginnen wir unser Explorationsgespräch, das bedeutet Erkundungsgespräch.« Mit den meisten Klienten spreche er persönlich, erzählt Rainer Wallerius, nur selten begutachte er allein nach Aktenlage. Er macht das hier schon lange. Und er macht es gut. Das sagt zumindest einer seiner kirchlichen Auftraggeber, der ihn diskret als Gesprächspartner zur Sache empfohlen hat.

Nicht jeder Psychologe erfüllt die Voraussetzungen, um Gutachter der katholischen Kirchengerichte zu werden. Die erste Anforderung ist natürlich die fachliche Qualifikation, das entsprechende Studium. Aber das Kirchengericht achtet ebenso darauf, dass es sich bei den Gutachtern um religiöse Menschen handelt, die das christliche Weltbild stützen.

Zwar erkennt die katholische Kirche grundsätzlich die Selbstständigkeit der Humanwissenschaften an, aber die philosophischen Grundlagen, auf die sich der Gutachter eines Ehenichtigkeitsverfahrens bezieht, dürfen der christlichen Anthropologie und dem katholischen Eheverständnis nicht widersprechen. Das bedeutet: Wer nicht an die unauflösliche Ehe glaubt, an Transzendenz, oder andersherum, wer Agnostiker, gar Atheist ist, wer glaubt, mit dem Tod wäre eventuell alles vorbei, der kommt für die Kirche als Gutachter nicht infrage.

Aus diesem Grund muss die Qualifikation eines Gutachters nicht nur formal überprüft werden, sondern auch persönlich. Es geht um die Methoden, die die Betreffenden anwenden. Das gilt genauso für die Psychiater, die das Kirchengericht für den Fall beschäftigt, dass ernsthafte Neurosen, psychische Erkrankungen der Grund dafür sind, dass eine Ehe katholisch ungültig geschlossen wurde.

Alle externen Helfer müssen eine christliche Weltsicht vertreten.

Der aus Österreich stammende Kirchenrechtler Pater Nikolaus Schöch ist Zweiter Kirchenanwalt am höchsten vatikanischen Gericht, der Apostolischen Signatur, und wirkte an der Kommission mit, die Papst Franziskus für die Reform der Ehenichtigkeitsprozesse 2014 eingesetzt hatte. Er formuliert die Anforderungen an die Mitarbeiter der kirchlichen Gerichte folgendermaßen: Eine korrekte Anwendung des Kirchenrechts verlange »eine umfassende philosophisch-theologische und nicht zuletzt klassisch-humanistische Bildung, welche über das technisch-praktische Wissen hinausreicht und die Betrachtung des Menschen in allen Dimensionen seines Lebens ermöglicht: in seiner von der Sünde geschwächten Natur, in der traurigen Realität der Krankheit und des Todes, in Bezug auf die Unvermeidbarkeit des Leides, in seiner Berufung zu transzendenten Werten religiöser und moralischer Art und schließlich in seiner ewigen und übernatürlichen Bestimmung.« Enormen Einfluss habe dieses vorausgesetzte Menschenbild bei der Beurteilung einer psychischen Eheunfähigkeit. Eine rein psychologische Betrachtung sei dort »unzureichend und irreführend«. Bei der Wahl des Sachverständigen sei deshalb auf die christliche Weltanschauung und grundsätzliche Akzeptanz des christlichen Eheverständnisses zu achten. »Während etwa im Bereich der Impotenz durchaus nicht gläubige Gynäkologen herangezogen werden können, ist dies im Bereich der wesentlich stärker von der persönlichen Einstellung abhängigen Untersuchungsergebnisse von Psychiatrie und Psychologie nicht der Fall. Es ist daher nötig, dass die Experten zutiefst von der Unauflöslichkeit der sakramentalen Ehe überzeugt sind und die katholische Lehre von der Ehe und deren Wesenseigenschaften kennen. Sie sollen einer anthropologischen Richtung folgen, die nicht im Gegensatz zur kirchlichen Lehre vom Menschen steht und für den übernatürlichen Bereich offenbleibt.« Jedes Gericht solle daher über ein Berufsregister von Experten verfügen, das nach speziellen beruflichen und wissenschaftlichen, aber auch philosophisch-theologischen sowie religiösen Kriterien geführt werde.

Rainer Wallerius holt einen dicken weißen Ordner aus dem Regal, eine Verfahrensakte. Einige Blätter segeln zu Boden. Während er sie aufsammelt, erklärt er, was seine konkrete Aufgabe ist: »Ich lese die gesamten Unterlagen: die Beschlüsse des Gerichts, die Dekrete, auch Vorgutachten und oft sehr lange Vernehmungsprotokolle. Die Sachen sind meistens ziemlich umfangreich.« Er sucht in einer blauen Mappe nach einem bestimmten Zettel. »Und ich bekomme dann einen solchen individualisierten Fragenkatalog vom kirchlichen Gericht, etwa zwölf Fragen zu einer Person, das ist ziemlich realistisch.« Diese Fragen beantworte er, dann schreibe er ein umfangreiches psychologisches Gutachten, je nach Komplexität des Falls etwa zwischen 15 und 40 Seiten lang.

Dabei gehe es immer um dieselbe Kernfrage: »Wie ist die psychische Situation des Klägers zum Zeitpunkt seiner Eheschließung zu beurteilen?« Eine Art Anamnese müsse gemacht werden. »Gab es Störungen, psychische Anomalien, die man feststellen kann, die plausibel sind? Wo kommen sie her? Welche Auswirkungen hatten sie? ›Psychische Eheunfähigkeit‹ bedeutet, dass eine Person nicht fähig ist, eine gültige katholische Ehe einzugehen, weil sie aufgrund einer Störung überhaupt keine rechtswirksame Erklärung zu einer solchen Ehe abgeben kann.« Sprich: Wer eine katholische Ehe eingeht, muss auch reif, klar und psychisch gesund genug sein, um zu beurteilen, worauf er sich einlässt, beziehungsweise psychisch so beschaffen sein, dass er in der Lage ist, eine Ehe im kirchlichen Sinne zu führen, ansonsten ist die Verbindung ungültig.

Und so prüft Rainer Wallerius in seiner Praxis zum Beispiel, ob die oder der Betroffene psychisch überhaupt fähig war, treu zu sein, Sex mit seinem Partner zu haben oder unauflöslich verheiratet zu sein. »Niemand«, so erklärt Rainer Wallerius den grundlegenden Denkansatz, »kann etwas geben, was er nicht besitzt.«

Könnten die Klienten in einem Gespräch mit ihm eine solche Störung belegen, würden ihre Chancen gut stehen, dass ihre Ehe vor einem Kirchengericht für ungültig erklärt werde. »Bei allen Explorationsgesprächen«, fügt Rainer Wallerius noch hinzu, »geht es darum, wie schlüssig die Argumentationen der Betreffenden in Bezug auf ihre Störungen sind, nie um Therapie.«

Haben die Betroffenen psychische Krankheiten, die eine Ehe ungültig machen können, zieht die katholische Kirche Psychiater als Gutachter zu den Eheverfahren hinzu. Krankheitsbilder, die infrage kommen, sind unter anderem: Schizophrenie, Paranoia, manisch-depressives Irresein, schwerer Alkoholismus, schwere Drogenabhängigkeit, Schwachsinn – »Völlige Idioten«, schreibt der

Aachener Kirchenrichter Arnold Houf, der 2014 diese aktuelle Liste der relevanten Krankheitsbilder aufgestellt hat,
»sind unfähig, einen gültigen Ehewillen abzugeben.« Im
Allgemeinen könne man sagen, nur wer einen IQ-Wert
von höher als 50 habe, könne eine gültige katholische Ehe
schließen. Weitere eheverungültigende psychische Erkrankungen sind nach seiner Liste: Nervenschwäche, Hy-
pochondrie, Sexualneurosen, traumatische Neurosen, die
auf Unfälle, Schockwirkungen, Kriegserlebnisse, Bomben-
anschläge oder Explosionen zurückgehen, Zwangsneuro-
sen, Angstneurosen, Phobien, Zwangsimpulse, Hysterie,
um nur eine Auswahl zu nennen.

In manchen Fällen betrachten die psychologischen oder
eben psychiatrischen Gutachter der Kirchenprozesse auch
die psychische Verfassung von Menschen, die an den Prozessen gar nicht teilnehmen. Dass etwa der betroffene
Expartner an einem Eheprozess nicht mitwirkt, kommt
durchaus häufiger vor. Verweigert sich eine Partei, kann
diese für »prozessabwesend« erklärt werden, das Verfahren wird dann ohne ihre Beteiligung fortgeführt. Dies ist
möglich, weil die Kirche das Verfahren als Aufforderung
eines Einzelnen – »Bitte klärt meinen Personenstand!« –
versteht. Dieser Antrag ist auch ohne das Einverständnis
des einstigen Partners möglich.

Es kann also passieren, dass der Expartner erst über einen Brief des Kirchengerichtes erfährt, dass der jeweils andere beantragt hat, die gemeinsame kirchlich geschlossene
Ehe für ungültig erklären zu lassen – und dass er im Zweifel selbst Stein des Anstoßes ist. Dass er, der »Nichtantrag-
steller«, etwa psychisch nicht in der Lage gewesen sei, eine

christliche Ehe zu schließen oder zu führen. So kann es vorkommen, dass ein psychologischer oder psychiatrischer Gutachter nach Aktenlage die Ehefähigkeit des »Nichtantragstellers« beurteilt und ein Kirchenrichter auf dieser Grundlage ein Urteil fällt.

Ob nun bei Anwesenden oder Abwesenden, der Gemütszustand bei Eheschließung, den Rainer Wallerius untersucht, liegt nicht selten Jahre, gar Jahrzehnte zurück. »Ich glaube, beim letzten Fall waren es 23 Jahre!« Natürlich, nickt der Gutachter, er kenne die Kritik, dass man nicht rückblickend einen Zeitpunkt psychologisch analysieren und dann daraufhin eine Entscheidung für eine Ehe beurteilen könne. »Ja, das macht die Sache oft schwierig, aber das ist die kirchengesetzliche Vorgabe. Es geht nur um den Zeitpunkt der Eheschließung. Und zwar nicht aus irgendwelchen willkürlichen Gründen, sondern weil es so im Codex steht. Es geht um die Frage: Wie stand die damalige Persönlichkeit zur katholischen Eheschließung? Es geht nicht um ihre Eigenschaften oder Störungen in ihrer Ehe oder heute.« Für ihn stelle sich die Sache so dar: Er sei aus Überzeugung Katholik und werde innerhalb dieses Systems und von diesem beauftragt. »Und wenn ich den Auftrag annehme, dann erkläre ich indirekt mein Einverständnis mit den Spielregeln, sonst müsste ich ihn ablehnen. Natürlich kann ich verstehen, dass viele diese kirchlichen Regeln nicht akzeptieren können oder wollen. Wir bewegen uns bei diesen Prozessen immer in einer menschlichen Sphäre auch von Leid und Schicksalhaftigkeit, von Dilemmata, von Dramen, von Tragik. Aber wir können das Problem als solches nicht lösen, weder das Kirchengericht noch wir Psychologen, die wir uns als christlich verstehen. Allerdings können wir helfen, dass es für die Betroffenen vielleicht milder wird, dass das Leiderleben geringer ist.«

Das Dilemma der »psychischen Eheunfähigkeit« ist offensichtlich: Was für die Betroffenen oft schlicht der eigene Lebensweg, das eigene Wesen, Entwicklung im Laufe der Jahre ist, ist für die katholische Kirche eine Störung, Anomalie oder Unfähigkeit, die so schwerwiegend war, dass sie die einst geschlossene Beziehung, die Ehe, nichtig, ungültig macht. Der Betroffene ist aufgrund seiner psychischen Beschaffenheit am katholischen Eheideal gescheitert. Überspitzt: Er war zu schwach.

Für die Betroffenen im Zweifel ein hartes Urteil. Und so kommt es, dass sie sich bisweilen nicht nur während ihres Verfahrens mit einem Psychologen konfrontiert sehen, sondern danach selbst einen aufsuchen.

Sebastian Murken hat theoretisch und praktisch immer wieder mit den Eheverfahren zu tun. Theoretisch, weil er sich als Professor für Religionspsychologie an der Universität Marburg wissenschaftlich mit der Frage beschäftigt, welche psychischen Folgen bestimmte Glaubensformen und -handlungen haben, und praktisch, weil Menschen ihn in seiner psychotherapeutischen Praxis aufsuchen, die an ihrem Glauben leiden. Darunter auch die, die mit dem katholischen Eheideal hadern oder eben den Ehenichtigkeitsprozess schon hinter sich haben. Sie kommen zu ihm, um das Verfahren aufzuarbeiten.

»Für mich ist es erschreckend, wie viel Leid, große Beschämung und Erniedrigung in diesen Prozessen entstehen kann«, erzählt Sebastian Murken von den Gesprächen in seiner Praxis. Einige seiner Patienten seien traumatisiert aus dem Verfahren gekommen. »Es wird meiner Meinung nach viel aufgewühlt, aber dann nicht mehr darüber gesprochen. Die Menschen werden entlassen und fühlen sich hilflos und allein.« Die Geheimhaltung, zu der die Betroffenen oftmals verpflichtet würden, trage dazu bei.

Der Psychologieprofessor kann genau erklären, was für ihn das Schwierige an den Verfahren ist. »Gerade wenn es um die psychologischen Klagegründe geht, muss man ja selbst nachweisen, dass man nicht handlungsfähig, nicht urteilsfähig, nicht klar war zum Zeitpunkt der Eheschließung. Man muss sich selbst oder seinen ehemaligen Partner diskreditieren. Das fällt den Menschen nicht leicht.«

Er habe sich, so erzählt Sebastian Murken, auch durch Prozessunterlagen ein genaues Bild machen können, er habe gesehen, wie Leute in die Enge getrieben würden. Das Schlimmste sei für ihn, dass die Betroffenen in den Verfahren sich selbst, aber auch ihre Liebe und ihre Beziehung im Nachhinein so entwerten müssten. »Das ist ja das Ziel des Verfahrens: festzustellen und zu dokumentieren, dass die Ehe nicht gültig war, dass sie es nicht wert war.« Das sei eben manches Mal schmerzlich bis traumatisch für die Betroffenen. »Die Ehe ist Teil der Identität, da lief es im Zweifel zehn Jahre gut, zehn Jahre schlecht, und nun? Muss man bewerten und entwerten? Als könnte man einen bereits abgelaufenen Prozess ausschließlich vom Ergebnis her, dem Trennungswunsch, beurteilen.«

Die Argumentation des Gerichtspersonals, dass es dabei auch um Reinigung, gar Seelsorge gehe, könne er nicht nachvollziehen, sagt Sebastian Murken, wenn er das damit verbundene Leid sehe. »Mein Eindruck ist eher, dass es darum geht, legitimierende Strukturen aufrechtzuerhalten. Die Kirche geht davon aus, dass die Ehe ein göttliches Sakrament ist und kein kulturelles Produkt, das sich im Laufe der Zeit gewandelt hat und das in einer modernen, heutigen Gesellschaft nicht mehr mittelalterlicher kirchlicher Herrschaftslogik unterworfen ist. Die innerkirchliche Logik der Unauflöslichkeit ist nicht kompatibel mit dem modernen Verständnis von Beziehungen. Das führt zu Spannungen.«

Kürzlich habe er eine Fortbildung mit katholischen Klinikseelsorgern geleitet und sei konkrete Fälle aus ihrem Alltag mit ihnen durchgegangen. »Da hat dann eine Seelsorgerin von einer Patientin erzählt, die sehr unglücklich in ihrer Ehe war, die sehr gelitten hat, aber keinen Ausweg aus der Ehe sah, weil sie sehr gläubig war. Im Beratungsgespräch habe die Seelsorgerin dann gefragt, wie das Paar sich kennengelernt habe, und die Patientin sagte, ihr Mann sei ihr aufgefallen, weil er sie so an ihren Vater erinnert habe. Da freute sich die Seelsorgerin, weil das ein Punkt war, wo man mit einem Eheverfahren ansetzen konnte, durch das Kriterium Irrtum in der Person! Was soll man dazu noch sagen? Von außen gesehen ist das doch völlig absurd! Ich habe dann erwidert: ›Liebe Leute, sich zu verlieben ist immer Irrtum in der Person.‹ Das fanden sie aber gar nicht lustig.«

Aus moderner psychologischer Sicht müsse man feststellen: Nicht jede Trennung sei ein Scheitern. »Es geht doch auch um Reifung und Entwicklung! All das findet in der kirchlichen Logik keinen Platz.« Und selbst wenn

Trennung als Scheitern erlebt werde, so müsse man doch das Scheitern plausibel machen, ohne damit das Geschehene zu entwerten. »Die Nichtigkeitserklärung, das Ungeschehenmachen enthält, meiner Meinung nach, große Destruktivität. Eine Beziehung vom Anfang her zu entwerten ist psychologisch ein destruktiver Prozess. Die Kirche vernichtet damit gelebtes Leben.«

Professor Sebastian Murken ist neben seiner Tätigkeit an der Universität und der Arbeit mit den Patienten seiner Praxis auch Ansprechpartner des Bundesverbandes der Psychologen für alle Fragen, die den Bereich Psychologie und Religion betreffen. Dort sei die Arbeit der christlichen Psychologen bislang kein Thema. Wegen seiner Spezialisierung sei er aber schon einmal von einem Mitarbeiter eines deutschen Kirchengerichts angesprochen worden, ob er nicht auch als psychologischer Gutachter dort arbeiten wolle, das sei aber wohl ein Missverständnis gewesen. Er habe dankend abgelehnt. »Ich bin ja kein Schauspieler. Allein diese Fragen aussprechen zu müssen, das wäre für mich schon absurd.«

14.

»Das dürfen die nicht!«
Die Anmerkungen des Ehebandverteidigers

Es hat in den fast zwei Jahren, die Elke Rogoskys Eheverfahren inzwischen dauert, viele Momente gegeben, in denen sie zweifelte, unsicher war, sich auch unwohl fühlte. Nie aber hatte sie darüber nachgedacht, alles hinzuwerfen, aufzugeben. Bis zu dem Tag, an dem sie Anfang 2014 die Anmerkungen des kirchlichen Ehebandverteidigers zu ihrem Fall liest. Sie kommen mit der Post.

Der Ehebandverteidiger ist eine Art Anwalt der katholischen Ehe. Er handelt, so sagt es das Kirchengesetz, nicht im Interesse der Parteien, sondern im Dienst der kirchlichen Gemeinschaft, er verteidigt die Ehe und soll dazu beitragen, die Überzeugung von der Unauflöslichkeit unter den Katholiken aufrechtzuerhalten.

Da die beiden ehemaligen Partner im Eheverfahren nicht gegeneinander klagen, sondern gegen ihre Ehe, das Eheband, haben sie in der Regel das gleiche Anliegen: die Ehe für nichtig erklären zu lassen und wieder frei zu werden für eine neue kirchliche Verbindung. Da aber auch jemand für die Ehe sprechen muss, hat die katholische

Kirche dafür eine eigene Figur eingeführt: den Ehebandverteidiger. Seine Aufgabe ist, all das vorzubringen, was
nach seiner Kenntnis des Verfahrens gegen die Nichtigkeit
und für den Bestand der Ehe spricht.

Als Elke Rogosky im Januar 2014 ihren Briefkasten öffnet, hat sie den Hauptteil ihres Prozesses schon hinter sich:
ihre eigene Aussage, die ihrer Zeugen, die ihres Exmanns,
das Glaubwürdigkeitsgutachten, die Bestellung neuer
Glaubwürdigkeitszeugen, die Akteneinsicht. Die Anmerkungen des Kölner Ehebandverteidigers sind in Elke Rogoskys Fall 13 Seiten lang. Er bescheinigt ihr absolute Un-
glaubwürdigkeit.

Peter Otten schildert die Situation seinerzeit so: »Ich war
mit der katholischen Jugend auf einem gemeinsamen Wochenende unterwegs. Wir hatten gerade zu Abend gegessen.«
Da sei der Anruf von Elke gekommen. »Sie war außer sich, völlig mit den Nerven runter. Sie rief immer nur:
›Am Montag trete ich aus, am Montag gehe ich zum Amtsgericht. Das ist so eine Unverschämtheit.‹« Elke Rogosky
nickt. »Mein erster Impuls war: Ich muss ihn anzeigen. Ich
muss den Ehebandverteidiger wegen Verleumdung anzeigen. Ich habe gedacht, jetzt steige ich aus, das hat hier und
heute ein Ende.« »Unser Rechtsberater hatte uns zwar vorbereitet und gesagt: ›Gehen Sie davon aus, dass das unangenehm wird, dass der Kollege alles zusammenkratzt, zu-
sammenschreibt, was gegen eine Ungültigkeit spricht‹,
aber nach Elkes Reaktion war mir klar: Jetzt ist es so weit,
das Verfahren wird scheitern«, erzählt Peter Otten. Elke
Rogosky erklärt: »Da ging es gar nicht um meine Ehe. Da
ging es seitenlang nur gegen mich. Das beschäftigt mich

bis heute. Ich habe bis heute das Gefühl, ich muss mir irgendwie meine Würde zurückerobern.«

Der Kölner Ehebandverteidiger behandelt in seinen Anmerkungen zunächst die Alkoholsucht von Elke Rogoskys Vater, von der sie in ihrer Vernehmung berichtet hat; wie sehr der kritische Zustand ihres Vaters immer wieder das harmonische Leben in ihrer Familie bedroht habe. Dass sie auch aufgrund dieser harten Erfahrung so für eine eigene, unabhängige Zukunft gekämpft habe. Dass die Situation zu Hause ihre weitere Entwicklung sehr geprägt habe. Der Ehebandverteidiger bezweifelt nun, dass es die Krankheit des Vaters überhaupt gegeben hat.

»Es bedarf keiner Diskussion«, führt er aus, »dass übermäßiger oder auch regelmäßiger Alkoholkonsum gesundheitsschädlich und nicht empfehlenswert ist. Wogegen sich der Unterzeichner aber verwahrt, ist die Titulierung, dass der Alkoholkonsum selbst als Krankheit dargestellt und bezeichnet wird. Dies ist unangemessen.« Elke Rogosky argumentiere unsachlich. Der Unterzeichner, so schreibt er, weise deutlich darauf hin, dass nicht jeder Alkoholkonsum, der das gesunde Maß überschreite, die Kriterien des Alkoholismus erfülle. Eine objektivierte Bewertung erscheine »aufgrund fehlender Belegnennungen nicht durchführbar«. Trotz wiederholter Nennung, dass ihr Vater Alkoholiker sei, fänden sich diesbezüglich »keine Belege, was er wann, in welcher Situation und in welchen Mengen an Alkoholika konsumiert« habe. Auch weitere Zeugen hätten die Aussage zum Alkoholkonsum des Vaters mit dem Zusatz »wohl« relativiert, der Vater sei »wohl alkoholkrank« gewesen. Zusammenfassend ließe sich festhalten, dass das Leiden des Vaters weder klassifizierbar noch quantifizierbar sei. Und noch ein weiterer Punkt erscheine ihm suspekt: »Sich selbst bezeichnete die Klägerin als ›Papakind‹.« Trotzdem habe sie ausgesagt, sie sei mit 17 Jahren ausgezogen, weil ihr Vater, mittlerweile verrentet, stets zu Hause gewesen sei. »Wie diese beiden letztgenannten Aussagen, sich zum einen zum eigenen Vater mehr als verbunden zu fühlen und zum anderen eben dessen stetige Anwesenheit zu befürchten und davor zu flüchten, in einem Zusammenhang gesehen werden können, ist dem Unterzeichner unverständlich.« Die Äußerung der Klägerin, sie habe ihren Vater nur als Alkoholiker wahrgenommen, sei insgesamt kritisch hinterfragbar. Und damit auch die behaupteten Konsequenzen daraus.

Bei den konkreten Klagegründen, Ausschluss der Nachkommenschaft und Ausschluss der Unauflöslichkeit, seien die Aussagen der Zeugen darüber hinaus mehr als vage. So hätten sie insgesamt über die Ehezeit wenig erfahren, auch über das »Intimleben der Parteien« gebe es bei einzelnen Zeugen wenig »Detailwissen«. Alle hätten bei Fakten mehrfach die unsichere Formulierung, es habe sich »wohl« in einer Weise verhalten, benutzt, sie hätten nur subjektive Eindrücke und eigene Gedanken angegeben. Eine sichere und überzeugende Aussage zum Thema Kinderwunsch finde sich an den entscheidenden Stellen nicht. Was den Glauben an die Unauflöslichkeit betreffe, habe Elke Rogosky zwar ein hinreichendes Geständnis abgegeben, dieses könne aber durch sämtliche angehörten Zeugen nicht direkt bestätigt werden. Und so hat der Kölner Ehebandverteidiger, was Elke Rogoskys Glaubwürdigkeit insgesamt angeht, massive Zweifel. Zur Aussage des mit Elke Rogosky befreundeten Pfarrers, der einzig zu ihrer Vertrauenswürdigkeit ausgesagt hatte, schreibt er: »Nach Ansicht des Zeugen habe sich die Klägerin die Einleitung eines Ehenichtigkeitsverfahrens gründlich überlegt, weshalb der Glaubwürdigkeitszeuge auch von der Wahrhaftigkeit der Klägerin ausgehe. (…) Die Möglichkeit, dass ein gut überlegtes Vorgehen ein planvolles und konstruiertes Vorgehen nicht ausschließt, wurde dabei vom Glaubwürdigkeitszeugen nicht ansatzweise erwogen.«

Fazit: Nach fester Ansicht des Unterzeichners überzeuge die Beweislage nicht, Elke Rogoskys Geständnis sei nicht hinreichend, eine anderweitige Beweisführung nicht ersichtlich. Er plädiere dafür, ein negatives Urteil zu fällen, an der Gültigkeit der Ehe festzuhalten, und empfiehlt darüber hinaus, Elke Rogosky auch jegliche zukünftige kirchliche Trauung zu untersagen. Er gehe davon aus, schreibt der Kölner Ehebandverteidiger, »dass die eheverungültigende Haltung aktuell noch gegeben ist. In diesem Fall aber müsste gegen die Klägerin eine Auflage im Sinne eines Trauverbotes erlassen werden, bis sich die diesbezügliche Willenshaltung der Klägerin nachweislich geändert hat. Die Richter mögen entscheiden!«

Elke Rogoskys Stimme zittert. »Sie lesen dann diese Ausführungen, wie sich so ein Mensch erdreistet, die eigene Geschichte komplett infrage zu stellen, und zwar in einer Wortwahl, die ihresgleichen sucht. Da wollte ich nicht nur die Sache beenden, sondern ihm seine 13 Seiten vor die Füße werfen. Da war für mich ein Punkt erreicht, wo meine Persönlichkeit so verletzt worden war, dass ich gedacht habe: Das geht zu weit.« Selbst wenn man sich mit all den Skurrilitäten eines solchen Verfahrens auseinandersetze und notgedrungen mitmache, wolle man doch respektvoll behandelt werden. »Das Problem ist ja auch, in einer Gesprächssituation oder in einer mündlichen Verhandlung kann man noch mal etwas geraderücken oder richtigstellen, aber hier kommt so ein Schriftstück, und die Vorhaltungen stehen im Raum und man ist allein damit.« Das sei ihrer Meinung nach der gravierendste Unterschied zu einem staatlichen Verfahren.

»Wenn staatliche Verfahren nicht öffentlich sind, dann zum Schutz der Betroffenen!« Hier habe sie den gegenteiligen Eindruck. »Jetzt wird die Kirche natürlich sagen: Es geht hier um so intime Sachen, das machen wir nur zum Schutz der Betroffenen, aber der Schutzzweck wird ja in keiner Weise erfüllt! Die Verfahren sind intransparent, weil nichts an die Öffentlichkeit dringt, weil die Betroffenen sich nicht austauschen. Ich glaube, das ist einfach ein Machtgebaren, sich nicht in die Karten schauen zu lassen und eine Deutungshoheit zu behalten, auch über die Entscheidungen.«

Als der Kirchenrechtsexperte, der Elke Rogosky durch ihren Prozess begleitet, die Anmerkungen liest, hat er nur einen Rat für sie. »Er hat gesagt: ›Sie brauchen jetzt einen Anwalt.‹ Also nimmt man sich einen Verteidiger, einen Kirchenanwalt, der eine Erwiderung formulieren soll, bezahlt den und beschwert sich eben nicht. Weil man das Verfahren nicht verzögern oder, schlimmer noch, gefährden möchte. Weil man sich ausgeliefert fühlt.« Das habe sie in diesem Moment sehr gespürt, man sei abhängig. »Ich will das jetzt nicht überzogen formulieren, aber das hat ein Stück von Menschenverachtung. Das ist menschenunwürdig.« Jemanden ohne Not so zu verletzen und zu verurteilen, eine Lebenssituation und den Zustand eines geliebten Menschen, ihres Vaters, zu entwerten. »Ein Mensch, der schon lange tot ist, der sich weder selbst verteidigen noch von mir unmittelbar verteidigt werden konnte, und damit auch meine Glaubwürdigkeit so infrage zu stellen. Das geht nicht! Manchmal denke ich, ich will mit alldem nichts mehr zu tun haben, und im nächsten Moment denke ich wiederum, das muss man öffentlich machen. Das kann nicht sein, dass eine Institution so handelt, und noch viel weniger die Kirche. Das darf nicht sein. Das dürfen die nicht!«

Vielleicht, sagt Peter Otten, gehe er damit zu weit, aber er habe das Gefühl, die Gerichte seien das letzte Instrumentarium der Kirche, um moralische Kontrolle auszuüben. »Kontrolle über das Privatleben von Menschen, vor allem von Menschen, die für sie arbeiten. Die Kirche unterhält eine Stelle, die die Lebensnot von Menschen benutzt, um sich im Privatesten der Menschen umzugucken. Theologische Gründe dafür fallen mir nicht ein, kein einziger.« Das habe ihn auch an eine bestimmte Grenze geführt. »Ich habe mich gefragt: Was muss denn noch passieren, bis ich sage: Ich bin da raus?«

Sie habe überlegt, den Ehebandverteidiger wegen Verleumdung anzuzeigen, hat Elke Rogosky gesagt. Das ist kein abwegiger Gedanke, sprich: Das ist schon vorgekommen. »Immer dann, wenn das kirchliche Recht ins staatliche Recht hineinreicht, besteht der staatliche Rechtsschutz«, hat der Kirchenrechtler Professor Thomas Schüller, angesprochen auf die intimen Vernehmungen, gesagt. Wie sieht es in der Praxis aus, wenn staatliches und kirchliches Recht kollidieren? Welche Möglichkeiten hat Elke Rogosky, wenn sie sich durch die Ausführungen des Ehebandverteidigers verleumdet fühlt? Was ist mit Widerrufs- und Unterlassungsansprüchen wegen der Verletzung der Ehre, der Intimsphäre? Kann das Drängen auf ein psychologisches Gutachten Nötigung sein? Kann man sich gegen ein solches Gutachten wehren, das ohne ein Gespräch, allein auf Aktenbasis, ohne die eigene Zustimmung angefertigt wird? Was ist mit dem Recht auf informationelle Selbstbestimmung? Dürfen Daten aus den Verfahren an staatliche Stellen weitergegeben werden?

Dass auch die Verantwortlichen an den Kirchengerichten sich nicht ganz sicher sind, was in solchen Fällen geschieht, zeigt ein Aufsatz des Offizials des Kölner Kirchengerichts Günter Assenmacher mit dem Titel »Für die Parteien öffentlich, geheim für die anderen? Zur Geheimhaltung in kirchlichen Ehenichtigkeitsverfahren. Eine Problemanzeige«.

Er schreibt, dass im Zuge der Beweisaufnahme von den Prozessparteien und Zeugen Fragen beantwortet würden, die sehr persönlicher Art seien. »Das so aufkommende Beweismaterial bedarf einer Diskretion, die der Privatsphäre der betroffenen Menschen zukommt.« Zum einen seien die Prozesse auch deshalb nicht öffentlich, zum anderen seien jene, die als Partei oder Zeuge im Verfahren mitwirkten, zum Stillschweigen verpflichtet, das Gerichtspersonal selbstverständlich auch. Das werde während des laufenden

Verfahrens auch ausdrücklich eingefordert. Ob diese erwünschte Diskretion auch »für das weitere Schicksal der Akten« zu garantieren sei, müsse allerdings infrage gestellt werden. Er führt sodann ein konkretes Beispiel aus dem Alltag des Kölner Kirchengerichts an, in dem das nicht gelungen sei, weil der Betroffene sich in seinen weltlichen Rechten beschnitten gefühlt habe.

In diesem Fall war eine Ehe für nichtig erklärt worden, weil der prozessabwesende Ehemann »aus Gründen der psychischen Beschaffenheit nicht imstande war, wesentliche Verpflichtungen der Ehe zu übernehmen«. Die Begründung: Seine ausgeprägte autonome Gesinnung habe sich in einem autokratischen und despotischen Verhalten offenbart, das mit den Pflichten einer katholischen Ehe nicht vereinbar gewesen sei.

Es handelt sich dabei um einen extremen Fall, denn der Mann, um den es hier geht, ist ein verurteilter Straftäter. Die Möglichkeit, die Akten einzusehen, erreichte ihn im offenen Strafvollzug, er machte von diesem Recht Gebrauch und unterschrieb eine Erklärung, etwaige Beschwerden über die Inhalte nur beim kirchlichen Gericht vorzubringen.

Zum Erstaunen der Gerichtsmitarbeiter hielt er sich nicht daran. Weshalb? Der Mann hatte im Laufe des Verfahrens der Untersuchung durch einen psychologischen Gutachter offenbar nicht zugestimmt. Das Gericht, das dieses Gutachten weiterhin für notwendig erachtete, ließ es trotzdem erstellen: von einem Psychologen auf Basis der Akten und nach einem Gespräch mit der Exfrau. Der Mann ging in der Folge zur Staatsanwaltschaft. Dem betroffenen psychologischen Gutachter und dem kirchlichen

Richterkollegium wurde daraufhin eine Ladung zu einer staatlichen Schlichtungsverhandlung zugestellt. Dem Gutachter warf der Mann versuchte Nötigung, üble Nachrede und Verleumdung vor. Dabei ging es unter anderem um die in den Unterlagen vorgebrachte Behauptung, er habe ein »überdurchschnittliches Aggressionspotenzial« geerbt. Mit Verweis auf das laufende Verfahren erreichten die Kirchenrichter zunächst eine Verschiebung der von den Schiedsleuten anberaumten Termine. Die Treffen wurden schließlich vom Betroffenen selbst abgesagt, die konkreten Gründe für die Absage blieben unklar. Was wäre gewesen, wenn es zu dem Termin bei der Staatsanwaltschaft gekommen wäre? Der oberste Kirchenrichter Kölns ist sich unsicher, er schreibt, »die eingeholten Ratschläge divergierten sehr«. Zum einen habe es in diesem Fall Stimmen gegeben, die betont hätten, dass auch die Tätigkeit von Gutachtern vor kirchlichen Gerichten den allgemeinen Gesetzen, also auch Strafgesetzen und Bestimmungen des bürgerlichen Rechts, unterworfen seien, dass das kirchliche Selbstbestimmungsrecht eben nur innerhalb der Schranken der für alle geltenden Gesetze gewährleistet sei, dass es insofern keine Exemtion, keine rechtliche Sonderstellung, keine Befreiung der kirchlichen Gerichte von den staatlichen Gesetzen gebe.

Von anderer Seite sei allerdings darauf hingewiesen worden, dass es sich »bei der Tätigkeit der kirchlichen Gerichte um einen innerkirchlichen Bereich handle, der von einer Überprüfung durch staatliche Gerichte oder andere Organe der kirchlichen Rechtspflege ausgeschlossen sei«. Eine Maßnahme, wie die rein religiöse Frage nach der Gültigkeit der Ehe, die keine unmittelbare Wirkung im staatlichen Zuständigkeitsbereich entfalte, werde als innerkirchliche Angelegenheit betrachtet, gegen die der »Rechtsweg zu den staatlichen Gerichten eindeutig unzulässig« sei. Die Kirche habe ihre eigenen Gerichte und ihre eigene Gerichtsbarkeit, weshalb Beschwerden ausschließlich dort vorzubringen seien.

Welcher Argumentation er im Zweifel folgen würde, darauf gibt der Leiter des größten deutschen Kirchengerichts in seinem Aufsatz keine Antwort.

In seiner Argumentation bringt Günter Assenmacher noch zwei weitere Beispielsfälle an. In einem Fall geht es um das Recht auf informationelle Selbstbestimmung. Hier hatte ein Mann die Klageschrift seiner Frau, in der sie die Nichtigkeitserklärung ihrer Ehe beantragte, weil sie an einem »schweren Mangel des Urteilsvermögens« gelitten habe, in ein staatliches Gerichtsverfahren um die Umgangsrechte für das gemeinsame Kind eingebracht. Gegenüber dem involvierten Jugendamt argumentierte der Mann, so schreibt Günter Assenmacher, wie denn jemand vernünftigerweise das Sorgerecht für ein Kind beanspruchen könne, der sich selbst mangelnde Zurechnungsfähigkeit attestiere und das durch ein kirchliches Gericht zuerkannt bekommen möchte. Das zuständige staatliche Gericht bat daraufhin das kirchliche Gericht, den, so Günter Assenmacher, »für Außenstehende nicht ohne Weiteres verständliche(n) Klagegrund« verbindlich zu erläutern. Der Antrag des Mannes wurde schließlich vom Amtsgericht und Oberlandesgericht aus inhaltlichen Gründen abgelehnt.

Das eigentliche Problem an diesem Fall sei aber, so schreibt der Kirchenrichter, dass der Mann zum einen trotz der von ihm eingeforderten Verschwiegenheitserklärung »und entsprechender Erinnerungen seitens des kirchlichen Gerichtes nicht zögerte, das kirchliche Verfahren selbst und ihm ausschließlich durch das Verfahren bekannt gewordenes Beweismaterial vor den staatlichen Gerichten zu gebrauchen. Und dass die staatlichen Gerichte ihrerseits nicht zögerten, dieses Beweismaterial zu verwerten, obwohl ihnen durch anwaltliche Schriftsätze klar sein musste, dass ein solcher Gebrauch nach der kirchlichen Rechtsordnung nicht zulässig ist.« Es erstaune ihn, dass die Erlangung der Beweismittel aus dem kanonischen Ehenichtigkeitsverfahren von den damit befassten staatlichen Gerichten auch nicht ansatzweise als Problem erörtert worden sei.

Der dritte und letzte Fall, den Günter Assenmacher aufzeigt, ist besonders heikel. Es geht um eine Ehe, die 2002 für nichtig erklärt wurde, wieder weil »der Mann aus Gründen der psychischen Beschaffenheit nicht in der Lage war, wesentliche Verpflichtungen der Ehe zu übernehmen«. Bei der Beweisaufnahme kam unter anderem zur Sprache, dass der Kläger etwa zehn Jahre lang von einem Priester sexuell missbraucht worden sei. »Wie war zu verfahren?«, fragt Günter Assenmacher. Der Offizial schrieb seinen Aufsatz 2004, da gab es die innerkirchliche Pflicht zur Regelanzeige bei den weltlichen Behörden noch nicht. Die Frage, die er sich dazu stellt, ist aber weiterhin aktuell: »Wie ist es im kirchlichen Ehenichtigkeitsverfahren in Anbetracht seines nicht öffentlichen Charakters und in Anbetracht der zugesicherten Vertraulichkeit?« Gibt man die Informationen an die staatlichen Strafverfolgungsbehörden weiter? Man habe sich in diesem Fall dazu entschieden, mit Rücksicht auf die Zurückhaltung des Klägers und auf die Verjährung nicht weiter nachzuforschen oder anzeigend tätig zu werden. Dies sei nicht Aufgabe des Gerichtspersonals, sondern Pflicht und zentrale Verantwortung des Klägers. Im Nachgang, so schreibt der Offizial weiter, habe es viele interne Diskussionen zu diesem Fall gegeben, die Ansichten hätten von absoluter Verschwiegenheitspflicht des Gerichts bis zur sofortigen Anzeige- und Ermittlungspflicht gereicht. »Richtig scheint, dass hier eine Güterabwägung zu erfolgen hat.« Mehr schreibt er nicht.

Welche Konsequenzen ergeben sich nun also aus diesen Beispielsfällen, die allesamt kritische Bereiche der Eheverfahren betreffen, in denen kirchliches Recht in staatliches Recht hineinreicht? Die Frage, ob es im Ernstfall zu einer Kooperation mit den Behörden käme, lässt Günter Assenmacher jeweils offen. Sein Fazit bezieht sich nur auf die offensichtlich nicht kontrollierbare Geheimhaltung der Prozessinhalte. Die Belehrungen der Betroffenen über die grundsätzliche Diskretion des Eheverfahrens sowie eingeforderte Verschwiegenheitserklärungen erwiesen sich im Konfliktfall »als unzulänglich beziehungsweise als stumpfe Waffe«.

Die Konsequenz daraus benennt er klar: Es sei in Zukunft mehr »Vorsicht geboten«. Um »zusätzliche Konflikte« zu vermeiden und den Persönlichkeitsschutz zu wahren, solle man etwa alle »vertraulichen Fragen, die für die Wahrheitsfindung nicht unbedingt nötig sind«, vermeiden, umsichtig protokollieren, eine streng auf den Prozessgegenstand bezogene Beweisaufnahme führen. Und: »Strikte Beschränkung der Verwendung des erhobenen Beweismaterials in den Bemerkungen der Ehebandverteidigung auf das unbedingt Erforderliche.« Was übersetzt heißt: Nicht die Kooperation mit der Außenwelt ist neu zu regeln, sondern der Umgang mit brisanten oder sensiblen Informationen intern.

15.

»Solange es niemand mitbekommt ...«

Zwischen Barmherzigkeit und Willkür

Elke Rogosky und Peter Otten führen auch während ihres Eheverfahrens ein Leben in Unsicherheit. Obwohl die beiden alles tun, um ihre Beziehung im Sinne der Kirche zu »legalisieren«, behalten sie ihre Liebe weiter für sich, sicherheitshalber. Und so sind inzwischen zwei Prozessjahre verstrichen, ohne dass sich ihre Situation gebessert hat. Und nun?

Es ist Anfang 2014. Einige Tage nach dem Erhalt der Stellungnahme des Ehebandverteidigers beruhigt sich Elke Rogosky. Sie will das jetzt zu Ende bringen. Lange kann es ja nicht mehr dauern, schlimmer kaum werden, die nächste Stufe ist die Entscheidung, das Urteil. Genau in diese Zeit fällt eine berufliche Veränderung in Peter Ottens Leben. Er unterschreibt innerhalb der Kirche einen neuen Arbeitsvertrag.

»Ich war schon über vierzig und konnte nicht mehr ewig bei der Katholischen Jugend arbeiten.« Da sei überraschend sein Traumjob frei geworden, Pastoralreferent in einer tollen Gemeinde in der Stadt. »Ich musste mich schnell entscheiden, Elke hat mich unterstützt, weil wir beide dachten: Nun ist es ja bald vorbei, es fehlt nur noch das Urteil«, erzählt Peter Otten. »Natürlich wusste ich, das alles kann für uns noch viel schlimmer werden, wenn sich Berufs- und Privatleben nicht mehr so gut trennen lassen wie bislang. Und es war klar, ab dem Moment, wo ich wieder in einer Gemeinde arbeite, wird das ein viel größeres Problem.« Sie seien sich aber einig gewesen: Eine kurze Zeit würde das sicher gut gehen. »Aber nicht auf Dauer!«

Es beginnt damit, dass Peter Otten nun verpflichtet ist, in der ihm zugewiesenen Dienstwohnung neben der Stadtteilkirche zu wohnen. Von da an packt Elke Rogosky jede Woche ihren Koffer, sie ist sein Wochenendgast. Sie hat sich den Nachbarn nicht vorgestellt, der Gemeinde auch nicht. Peter Otten hat sie bei seinem Dienstantritt nicht erwähnt. Er will das nachholen. Sobald endlich Klarheit herrscht, das Gericht entschieden hat. Das Problem: Nachdem Elke Rogosky im Januar 2014 die Anmerkungen des Ehebandverteidigers erhalten hat, hört sie nichts mehr vom Kölner Kirchengericht. Sie erwarten das Urteil täglich, aber es kommt und kommt nicht. Und selbst wenn es kommt, muss es noch durch eine zweite Instanz, von einem zweiten Kirchengericht, bestätigt werden. Das war bis 2015 die Regel.

Über ein Jahr ist in der neuen Wohnung so schon vergangen. Inzwischen ist es Mai 2015. Am Anfang habe sie sich nach der Messe am Sonntag noch neben ihren Lebensgefährten gestellt, beginnt Elke Rogosky von ihrem Alltag in Köln zu erzählen. »Da stehen dann mehrere Leute um Peter herum, auch ich, und er redet nicht mit mir. Keiner weiß, wer ich bin, und ich werde dann ganz langsam aus der Gruppe herausgedrängt.«

Inzwischen handhabe sie es so, dass sie einfach schnell verschwinde, sobald die Messe zu Ende sei, und Peter komme später nach. »Ich mag mich dieser Situation nicht mehr aussetzen.« Das Schlimmste sei für sie mittlerweile nicht mehr die Sorge, dass jemand etwas herausfinde, sondern dass sie so beschämt sei. »Ich fühle mich gedemütigt. Ich bin eine erwachsene Frau und kann mein Leben nicht mehr bestimmen.« Wenn sie etwa abends in die Wohnung komme und in der Küche Stimmen höre, dann ziehe sie sich lieber leise ins Schlafzimmer zurück. »Wer weiß, welche Kollegen da noch zusammensitzen, denke ich dann und schmiere mir erst mal kein Käsebrot.« Es gebe zahlreiche solcher Situationen. »Peter hat einen Lesekreis, da gibt es eine Frau, die ich sehr nett finde und die mich, glaube ich, auch ganz nett findet, und die hat uns spontan zu ihrem Geburtstag eingeladen. Und dann gehen wir dahin, freuen uns, trinken ein Gläschen Wein, und die erste Frage ist: ›Und ihr wohnt jetzt zusammen?‹

›Nein.‹

›Wie, nicht?‹

›Nein.‹

›Aber warum denn, der Peter hat doch eine große Wohnung?‹

›Wir sind nicht verheiratet.‹

›Ach, das interessiert hier doch niemanden.‹

›So einfach ist es nicht.‹

Und dann ist man in der Bredouille. Eigentlich darf
man zu solchen Anlässen gar nicht hingehen, oder man
erzählt eben die Unwahrheit! Aber das will ich nicht, denn
da fangen neue Bekanntschaften oder Freundschaften an,
und diese Menschen möchte ich nicht belügen.« Die Alternative sei, dass man nach drei Sätzen in der Schilderung des Eheprozesses stecke. »Und dann kommt wieder:
›Das kann doch nicht sein! Das darf es ja wohl nicht mehr
geben, wo leben wir denn?‹« Elke Rogosky lacht auf. »Wo
leben wir denn? Ich jedenfalls noch in Bornheim.« Peter
Otten lacht nicht mit. Sie, sagt Elke Rogosky, habe sich jedenfalls entschieden, niemanden zu provozieren und ihre
alte Wohnung sicherheitshalber zu behalten. »Wieder haben wir zwei Wohnungen, wieder zahlen wir zwei Mieten,
wieder muss einer hin- und herfahren.« Und kein Name
auf der Klingel. Das sei keine Kleinigkeit für sie. »Ich bin ja
existent, aber eben nicht so richtig.« Kurz hebt sie die Augenbrauen, dann sagt sie: »Man fragt sich schon, weshalb
man sich in eine Situation begibt, wo man mehr oder weniger nicht legal ist.« Nun ist Peter Otten aufgebracht. »Ich
bin ihr gegenüber illoyal! Ich verleugne meine Frau. Und
das ist schlimm. Ich spüre die ganze Zeit, ich mache etwas
falsch.« Elke Rogosky nickt. »Ich war vor allem am Anfang
gekränkt, verletzt auch.« Peter Otten ruft: »Und das ist genau das, wo die Kirche oder dieses Verfahren einen hinein-
treibt! Genau das!« Er sei in der Kirche einmal der freiste
Mensch der Welt gewesen, und nun sei er auf einmal exis-
tenziell, in seiner Liebe zu Elke, von einem nicht enden
wollenden Kirchengerichtsverfahren abhängig. Eine Situation, die einen in solche Nöte bringe, könne das im Sinne

der Kirche sein? »Als wir hier ankamen, brach der Konflikt offen aus«, erzählt Peter Otten. »Ich habe dagesessen und gedacht: Ich kann im Namen dieser Institution keinen Gottesdienst mehr feiern, das geht nicht. Ich bringe kein Wort heraus. Und dann überlegt man: Was mache ich denn jetzt? Wem kann ich das denn mal erzählen?«

Er habe sich auch gefragt, wie es Vorgesetzten gehe, die von Fällen wie ihrem wüssten. »Das muss ja in den Personalabteilungen ein Dauerthema sein.« Elke Rogosky ergänzt: »Die offizielle Ansage ist immer: keine Meldeadresse für eine Lebensgefährtin ohne Eheschließung, kein Klingelschild.« »Das heißt doch aber auch: Wenn etwas öffentlich werden sollte, können wir nichts für euch tun, oder? Das ist vielleicht noch schlimmer, als wenn jemand gar nichts sagt«, fährt Peter Otten fort. Das sei für sie beide eine schlimme Zeit gewesen. »Ich war wütend, auch krank, und wir beide kamen mit dem Problem nicht zurande.« Sie hätten dann getrennt voneinander eine Therapie angefangen. Er habe gedacht, er müsse dringend jemandem, der mit der Institution nichts zu tun habe, diese Geschichte erzählen. »Nun ist eine Therapie nichts Schlimmes, im Gegenteil, es war die beste Entscheidung. Trotzdem, mit Abstand betrachtet fragt man sich natürlich schon: Wohin treibt uns diese Institution? Für die ich nicht nur arbeite, um die Kohle auf dem Konto zu haben, sondern für die ich schon lange Jahre gern arbeite! Vieles finde ich gut, das allermeiste sogar, ich bin auch stolz auf meine Arbeit. Ich habe, glaube ich, auch etwas bewirken können. Und dann an einen Punkt zu kommen, wo ich merke, mit diesem Thema bin ich total allein. Es interessiert niemanden in der

Kirche, wie es mir geht, es interessiert niemanden, wie es Elke geht, denn die gibt es ja nicht. Es interessiert keinen Menschen. Und das war schlimm. Das war für mich persönlich das Schlimmste an dem Verfahren.« Hat das die Beziehung bedroht? Peter Otten schaut zu Elke Rogosky, vorsichtig lächelt er, Elke Rogosky bleibt ernst: »Ja, das kann man durchaus so sagen.« Nach einer kurzen Pause fährt sie fort: »Das tut alles furchtbar weh. Denn wir lieben uns, und wir wollen ja auch zusammenbleiben.«

»Elke muss damit leben, dass ich die Institution, die ihr Schmerzen zufügt, vertrete«, erklärt Peter Otten. Natürlich frage sie ihn: Wie kannst du für diese Kirche, die uns so viel Kummer macht, so viel Einsatz zeigen, wie kannst du nur loyal sein? »Das ist schrecklich, und ja, wie kann ich das eigentlich?«, antwortet Peter Otten. Freunde würden ihm immer noch raten, seinen Job hinzuwerfen, sich etwas anderes zu suchen. »Die sagen mir: Du musst überlegen, was dir wichtiger ist, Job oder Partnerschaft, und wenn es die Partnerschaft ist, dann schmeiß doch hin. Aber ich habe nicht den Mut. Das mag der ein oder andere feige nennen, aber es geht hier um meine berufliche Existenz.«

Am Anfang hätten sie beide noch gedacht, der Kirchenprozess sei tatsächlich eine Chance, eine Lösung, doch spätestens jetzt sei klar: Er ist genauso Teil des Problems.

Es geht so lange gut, wie sie nicht als Paar offen auftreten müssen, solange es nicht offensichtlich ist, hat Peter Otten gesagt. Was bedeutet das? Dass ein »unsittliches Privatleben« in der Kirche toleriert wird, wenn es niemand mitbekommt?

Die Situation erinnert an den Fall der Kindergartenleiterin aus Königswinter. Der Pfarrer hatte ihr angeboten: Wenn sie ihren Arbeitsplatz auf die andere Rheinseite verlege, könne sie trotz ihrer zweiten Beziehung angestellt bleiben. Dann sei ihre neue Liebe kein Kündigungsgrund, denn damit sei das Ärgernis für Kinder und Eltern nicht unmittelbar sichtbar. »Mein Eindruck ist«, hatte die Kindergartenleiterin Bernadette Knecht damals gesagt, »wenn man keinem sagt, wie man lebt, dann kann man auch innerhalb der katholischen Kirche weiterarbeiten. Man muss nur den Mund halten.« Das sei für sie am Anfang auch eine Option gewesen. »Beinahe hätte ich meine Sachen gepackt und wäre gegangen, wie viele Kollegen vor mir«, erklärte sie. »Damit keiner davon erfährt und damit ich mein Gesicht wahren kann.« Am Ende habe das Engagement der Eltern sie bewogen zu bleiben. Sie behielt ihre Stelle, denn der Kindergarten bekam auf Drängen der Eltern einen neuen Träger: die evangelische Kirche, die das mit der zweiten Ehe nicht so eng sieht.

Heute erzählt die inzwischen neu verheiratete Kindergartenleiterin, dass ihr die Kirche neben der neuen Stelle in Bonn noch eine zweite Option angetragen habe: ein Eheverfahren vor dem Kirchengericht. Sie habe damals abgelehnt. »Für mich war meine erste Ehe nicht ungültig«, sagt sie dazu. Sie habe sich ihre Vergangenheit nicht nehmen lassen wollen, als habe sie jahrzehntelang mit einem Irrtum gelebt. »So habe ich das nie empfunden. Wir hatten zwei Kinder!« Sie habe damals großes Glück gehabt, dass die Eltern sich so für sie eingesetzt hätten.

Wer für die Kirche arbeitet und wieder heiraten, eine Lebenspartnerschaft eintragen oder mit einem geschiedenen Partner zusammenziehen möchte, solle das seiner Mei-

nung nach lieber lassen, hatte der Freiburger Kirchenrechtler Georg Bier zur aktuellen Fassung des besonderen kirchlichen Arbeitsrechts gesagt. Man könne nur auf
Milde hoffen – die gebe es allerdings reichlich. Vielleicht
bleibt deshalb die Revolution der kirchlichen Mitarbeiter
bislang aus. Weil man häufig als Angestellter der katholischen Kirche in einer »irregulären Lebenssituation« leben kann, wenn man sich nur verschwiegen genug verhält.
Wenn. Und das funktioniert auf dem Land anders als in
der Stadt.

Irgendwo in einer Kleinstadt im Bergischen Land in
Nordrhein-Westfalen lebt Julia Rech mit ihren beiden Kindern. Auch sie und ihr Mann haben sich getrennt. Ihren
richtigen Namen möchte sie lieber nicht nennen. Sie arbeitet als Mitarbeiterin im pastoralen Dienst für die Kirche, organisiert die Erstkommunionvorbereitung, kümmert sich um den Pfarrbrief, veranstaltet Bibelwochen mit
den Kindergartenkindern.

Am Anfang sei noch alles gut gewesen, erzählt die
junge Frau in ihrer Vierzimmerwohnung. Draußen vor
dem Fenster ein Bachlauf, am Hang grasen Kühe. Im
Flur begrüßt eine Kinderschuhsammlung die Besucher,
im Wohnzimmer steht eine Schale mit Süßigkeiten außer
Reichweite von Kinderhänden oben auf dem Schrank.

»Als ich hier angefangen habe zu arbeiten, war die Ver-
einbarung mit der Personalreferentin, so habe ich es jedenfalls verstanden, dass ich offen mit der Trennung um-
gehe, damit es kein Gerede gibt«, erklärt Julia Rech. Die
Dörfer seien eben noch sehr schwarz-katholisch und deshalb sei klar gewesen, wenn sie hier mit zwei Kindern und

ohne Mann einziehe, könne es schnell Probleme geben. Selbst wenn es kirchenrechtlich legal sei, solange man keinen neuen Partner habe. »Ich habe in allen Vorstellungsrunden gesagt: ›Ich bin getrennt, wundern Sie sich nicht, dass meine Kinder manchmal sonntags mit in die Kirche kommen und manchmal nicht. Wenn nicht, sind sie bei ihrem Vater.‹«

Problematisch sei das alles erst geworden, als die Regionalzeitung zum Interview vorbeigekommen sei. »Der Journalist fragte: ›Sie sind doch eine junge Frau und haben zwei Kinder, aber was ist denn mit Ihrem Mann?‹ Und dann habe ich geantwortet: ›Den gibt es natürlich, aber wir leben nicht mehr zusammen, und das ist eine Realität, auch in der katholischen Kirche.‹« Das habe sie so gesagt, weil das ihre feste Überzeugung sei. »Und das hat dann Wellen geschlagen.«

Nachdem das Interview in der Zeitung erscheint, passieren zwei Dinge: Die Personalabteilung distanziert sich, ein Artikel zum Thema sei nicht abgesprochen gewesen, heißt es von dort. Und ihren Arbeitgeber erreicht ein Hinweis. »Darin stand, dass ich mit einem neuen Mann zusammenleben würde, dass er hier übernachten würde, dass er sogar mit uns in den Urlaub gefahren sei.« Furchtbar sei das gewesen. Die Personalabteilung habe sie umgehend aufgefordert, schriftlich Stellung zu nehmen zu den Vorwürfen und zu ihrem Privatleben, was sie auch getan habe. »Denn ich war mit jemandem in einer losen Beziehung, das erste Mal nach meiner Ehe. Aber natürlich wohnte er nicht bei uns.«

Sie habe, erzählt Julia Rech, in ihrer Stellungnahme an die Personalabteilung geschrieben, dass sie noch längst keine feste Beziehung habe, nur weil sie mal jemand im Urlaub besuchen komme. »Wir hatten in diesen Ferien mit meinen Kindern einen Caravan gemietet, mit mehreren Schlafkabinen, die habe ich genau beschrieben, und dann muss man den Besuch eines Mannes rechtfertigen. Es hat mich angeekelt, mein Privatleben so darzulegen. Ich hatte das Gefühl, ich verrate mich selbst.«

»Er hat nicht in einer Kabine mit mir und den Kindern geschlafen, sondern in einer eigenen«, schreibt Julia Rech an die Personalabteilung des Bistums. »Ich weiß, wie ich mich zu verhalten habe und halte mich auch daran.« Das Bistum schreibt zurück: »Da Sie eine Person der Öffentlichkeit sind und in Ihrer Rolle als Gemeindereferentin auch von Gemeindemitgliedern unter besonderer Beobachtung stehen, bitten wir Sie, in besonderer Weise aufmerksam zu sein und möglichst alles zu vermeiden, was zu Irritationen oder zu Mutmaßungen führen kann.«

Soll man sich nun an die kirchlichen Regeln halten oder bloß Mutmaßungen vermeiden? Wie geht es den kirchlichen Vorgesetzten, den Personalern, wenn sie ihren Mitarbeitern solche Schilderungen abverlangen? Ist das ein Regel- oder ein Sonderfall? Das für Julia Rech zuständige Bistum schreibt auf Nachfrage: »In dem von Ihnen geschilderten Fall geht es um eine Personalangelegenheit; wir bitten daher um Verständnis, wenn wir in solchen Fragen grundsätzlich keine detaillierten Auskünfte geben können. Generell gilt in Fragen der *Grundordnung des kirchlichen Dienstes im Rahmen kirchlicher Arbeitsverhältnisse* bei uns ein transparenter und offener Umgang. Namentlich eine Scheidung ist für sich genommen kein Verstoß gegen die

Grundordnung. Wenn es Beschwerden gibt, gehen wir dem nach; in jedem Einzelfall prüfen wir in Kommunikation mit den Betroffenen, ob und ggf. welche Konsequenzen jeweils zu ziehen sind – oder eben auch nicht.«

Sie habe ihre Stelle schließlich behalten dürfen, erzählt Julia Rech, doch bis heute sei das Thema in der Gemeinde präsent. »Auf dem Land ist die Sozialkontrolle eben noch hoch. Für mich geht das inzwischen so weit, dass ich hier nicht mit den Kindern ins Schwimmbad oder einkaufen gehe, um mich nicht dem Gerede auszusetzen.« Sie fahre lieber zum Supermarkt in den Nachbarort. Außerdem habe sie entschieden, etwas Konkretes gegen ihre missliche Lage zu unternehmen: Im Frühling 2015 habe sie ihren Kirchengerichtsprozess begonnen. Ihr Klagegrund: »Mangelnde psychische Reife aufseiten der Frau«.

Julia Rech ist erst 22 Jahre alt, als sie heiratet. Ein Anhaltspunkt. »Im Grunde«, sagt Julia Rech, »müsste man sich dagegen auflehnen und sagen: Ihr habt sie ja nicht mehr alle, das so zu nennen, als wäre man vollkommen verrückt. Aber man akzeptiert das, weil man denkt, es ist der einzige Weg.«

Geht es um »psychische Eheunfähigkeit«, ist der Einsatz eines Sachverständigen unerlässlich. Aber das externe Gutachten braucht sie nicht. »Bei mir war das nicht nötig, denn ich befinde mich schon in einer Psychotherapie. Es hat gereicht, dass ich die Nummer meines Therapeuten an das zuständige Kirchengericht weitergegeben und ihn von seiner Schweigepflicht entbunden habe.« Nein, bislang habe sie noch kein Ergebnis. Das Verfahren laufe noch.

16.

Du sollst eigentlich nicht scheitern

Die Zukunft der katholischen Ehe(verfahren)

Die Ehe steckt in der Krise. Das lässt sich nicht leugnen. Jede dritte wird geschieden. Die Anzahl der kirchlichen Trauungen nimmt ab. 1990 haben noch etwa 110 000 Menschen im Jahr katholisch geheiratet. 2015 waren es noch gut 44 000. Die Haltung der Kirche zur Ehe hat sich nicht geändert, aber die der Katholiken offenbar doch.

Genau dieser Widerspruch ist heute die Lebensrealität vieler Kirchenmitglieder, auch die der besonders aktiven. Sie leiten kirchliche Kinderchöre, planen Ausflüge im katholischen Altenheim, bringen Flüchtlinge in Gemeindesälen unter – für eine Kirche, deren Lehre sie zum Teil mit Skepsis betrachten. Nichts scheint ungewöhnlich daran, sich auf der einen Seite für die katholisch-soziale Sache einzubringen und auf der anderen Seite leise zu betonen, dass man mit der »Institution Kirche« und ihrer Lehrmeinung nicht übereinstimme und auch nicht gedenke, sein Leben nach deren Vorgaben zu gestalten. Die Menschen glauben emotional, nicht erkenntnisgesteuert, würde der Religionspsychologe sagen. Auch Kirchenangestellten geht es offensichtlich so. Solange es im Verborgenen geschieht, ist in der katholischen Kirche vieles möglich: Kirchenmitarbeiter leben – ohne gemeinsames Klingelschild – in zweiter Beziehung, wieder verheiratete Paare gehen in der Nachbargemeinde zur Kommunion, die homosexuelle Erzieherin hält ihre Liebe geheim. Kurz: Es mangelt nicht an Erkenntnis, aber an Konsequenz – auch und vor allem aufseiten kirchlicher Autoritäten, der Vorgesetzten, die, so könnte man vermuten, im einen oder anderen Fall vielleicht auch selbst von der weit ausgelegten »Barmherzigkeit«, den »pastoralen menschlichen Lösungen« profitieren. Selbsthilfegruppen wie die der »vom Zölibat betroffenen Frauen« sprechen dafür. »Es funktioniert nicht und ist unehrlich, verbal die Lehre hochzuhalten und praktisch von ihr abzusehen«, schrieb der Bonner Kirchenrechtler Norbert Lüdecke in einem Kommentar zum Ende der Familiensynode 2015. »Die selbst ernannten Hüter der katholischen Tradition verwalten eine leere Hülle«, schrieb die Publizistin Christiane Florin.

Das Dilemma ist offensichtlich: Eine Kirche, die sich nicht den wandelnden Werten der Gesellschaft, sondern Gott verpflichtet fühlt und die aus dem Glauben heraus an der Unauflöslichkeit der Ehe festhält, unverrückbar, die das zu ihrem Markenkern erklärt, ihre Sonderstellung damit begründet, so eine Kirche tut sich schwer, einen praktikablen Weg zu finden, mit Trennungen, Scheidungen, Wiederheirat, mit dem, was sie Scheitern nennt, umzugehen. Momentan gibt es für Katholiken, die sich von ihrem Partner trennen wollen, nur zwei Möglichkeiten: Entweder man lebt allein weiter, keusch, ohne neue Beziehung und Heirat. Oder man wird für eine neue Ehe frei, indem die erste Ehe aus dem Weg geräumt, für nichtig erklärt wird, damit man wieder ledig ist. Die Ehe ist ganz generell die einzig legitime Beziehungsform.

Dieser Widerspruch zwischen Leben und Lehre war in den letzten Jahren immer wieder Auslöser für kirchliche Debatten zum Thema Ehe und Familie. Die, die sagen: Wir müssen unsere Position nur besser erklären, stehen denen gegenüber, die sagen: Es ist an der Zeit, die kirchliche Lehre weiterzuentwickeln, Theologie sei eben nicht nur die Interpretation unabänderlicher Wahrheiten.

Die Familiensynoden in Rom von 2014 und 2015 hätten der Ort dieser Veränderung sein können. Papst Franziskus hatte »Ehe und Familie« zum Thema gemacht. Weltweit fragten sich die Katholiken: Gibt es einen echten Reformwillen zum Umgang mit Scheidung und Wiederheirat? Fände man für dieses Problem eine Lösung, so hieß es, dann signalisierte die Kirche wirklich Reformbereitschaft. Eine Umfrage im Vorfeld der Bischofssynode, in der nicht nur, wie zuvor, Bischofskonferenzen nach ihrer Einschätzung gefragt wurden, sondern alle Katholiken, wie gelebte Ehe und gelebte Familie in ihren Augen aussähen, deutete darauf hin. Es gab wohl bisher keine vergleichbare Situation, wo auf der einen Seite die Befürchtung und auf der anderen Seite die Hoffnung so groß war, es könne sich wirklich etwas verändern. Doch die Veränderung blieb aus.

Das Papstschreiben *Amoris Laetitia, Über die Liebe in der Familie*, legte im April 2016, im Nachgang zu den beiden Synoden, den aktuellen Beziehungsstatus katholische Kirche versus moderne Beziehungen fest. Es wird, so schreibt der Papst, keine Abstriche an Gottes Plan, keine Änderung der Lehre, kein Abweichen vom katholischen Ideal der Ehe geben. Er lege kein neues Gesetz vor, das Recht bleibe, wie es ist.

Allerdings gibt es ein Aber: Das Kirchenrecht müsse nicht in jeder Situation gleich angewendet werden und gleiche Auswirkungen haben, schreibt der Papst. Wo das Ideal nicht erreicht werde, solle im Einzelfall geprüft werden, was die Gründe seien. Statt einer »Pädagogik der Sanktionierung und Beschränkung« solle eine positiv verstärkende »Pädagogik der Integration, eben Barmherzigkeit« praktiziert werden. Im »Forum internum«, also diskret und nicht öffentlich, sollten Priester mit den Betroffenen überlegen, wie in liturgischen, pastoralen, erzieherischen und institutionellen Bereichen Ausschlüsse überwunden und Mitarbeit in kirchlichen Funktionen ermöglicht werden könnten. Natürlich: Wer seine Sünde zur Schau stelle, könne keine Katechesen halten oder predigen.

Der Bonner Kirchenrechtler Norbert Lüdecke ist skeptisch: »Heißt das, wer zur Heimlichkeit bereit ist, dem sind auch solche Funktionen zugänglich? Gibt es mildernde Umstände bei der Bewertung einer Sünde?«

»Papst öffnet Kommunion für verheiratete Geschiedene« titelten die Zeitungen, vielleicht etwas zu vorschnell. »Ob diese Einschätzungen zutreffen, ist sehr fraglich«, sagt der Bonner Professor. »Meiner Meinung nach bringt die ›Logik der Barmherzigkeit‹ maximal eines: pastorales, also Hirten-Ermessen. Ich kann nicht erkennen, dass diese Art, sich weiterhin das Leben von Klerikern erlauben zu lassen, das Grundanliegen der betroffenen Gläubigen trifft.«

Es sei nicht das Problem, schätzt Norbert Lüdecke die aktuelle Situation ein, dass der Papst die Nöte der Menschen nicht sehe. »Dass zum Beispiel die einzige katholisch erlaubte Methode der Familienplanung, die periodische Enthaltsamkeit, eine Gefahr für die eheliche Treue werden kann, benennt er konkret.« Der Papst schreibe außerdem, dass Christus eher eine Kirche wolle, die auch in der Schwachheit noch das Gute erkenne und zum Besseren fördere, und dass er das einer unerbittlichen Pastoral vorziehe, die keinen Anlass zur Verwirrung biete. »Er spricht vom ›Ideal‹ der unauflöslichen Ehe. Soll sie nur das Ziel sein? Das Problem ist«, fasst Norbert Lüdecke zusammen, »der Papst sagt nicht konkret, was gilt! Es geht immer nur um Einzelfälle. Soll der Wandel schleichend bleiben, um ihn durch seine Benennung nicht zu gefährden? Ich kann mir geradlinigere Lösungen vorstellen. Und dem Papst hier nur die Angst vor konservativen Kardinälen zu unterstellen, ist eine Verharmlosung. Wenn Papst Franziskus ein Problem hat, dann ist es kein praktisches, sondern ein doktrinelles, nämlich die maximalistischen Festlegungen seiner beiden unmittelbaren Vorgänger, die er als Bischof und Kardinal allerdings mitgetragen und insoweit verantwortet hat.«

Beide Vorgängerpäpste, sowohl Johannes Paul II. als auch Benedikt XVI., hatten mehrfach die traditionelle katholische Logik als verbindlich bezeichnet: Sittlich einwandfreie Sexualität gibt es katholisch nur zwischen miteinander Verheirateten. Vorehelich ist sie Unzucht und nach der Hochzeit mit einem Dritten ausnahmslos Ehebruch und somit schwere Sünde. Dass es solch absolute Normen überhaupt gibt und Ehebruch darunterfällt, wurde von Johannes Paul II. gegen bis dahin breit vertretene moraltheologische Auffassungen als »unabänderlich« klargestellt. Niemand, nicht einmal ein Papst, könne die vollzogene sakramentale Ehe auflösen. Die Unauflöslichkeit sei kein bloßes Ideal, sondern ein Erfüllungsgebot.

Professor Norbert Lüdecke hat dazu eine klare Haltung: »Papst und Bischöfe sollten dazu stehen, dass eine geänderte Praxis nicht ohne Lehränderung zu haben ist. Das sind sie nicht nur den Menschen schuldig, die immer Schwierigkeiten mit dieser Lehre hatten, sondern auch jenen, die in Treue und Gehorsam dem Lehramt gegenüber diese in ihren Gemeinden verfochten beziehungsweise zu leben versucht haben.« Zu befürchten sei nun ein Klima wohlwollender oder prekärer Vagheit. »Schon jetzt gehen die Einschätzungen der deutschen Diözesanbischöfe weit auseinander. Barmherzigkeit also nach Wohnortsprinzip? Ich kann in den Jubel über das Schreiben nicht einstimmen, dem Reformwillen unterstellt wird.« Es sei eine katholische Notlösung statt echter Reformen, eine verpasste Chance. »Es gibt eine Wahrheit«, resümiert Professor Lüdecke, »die sich in der ganzen Diskussion nicht leugnen lässt: Das Unverständnis der Katholiken in Bezug auf die kirchliche Lehre zu Ehe und Wiederheirat ist sehr groß und sehr verbreitet. Und die Kirche hat nur zwei Möglichkeiten: Entweder sie passt die Lehre an die geänderten und gelebten Überzeugungen von Katholiken oder besser überzeugten Katholiken an – denn es handelt sich ja hier nicht um Lottermenschen – und nimmt ihre Lebenserfahrung ernst. Oder man versucht weiterhin, das Leben der überzeugten Katholiken in die Lehre zurückzupassen. Dann werden die Eheverfahren zwangsläufig weiter relevant bleiben, weil sie der einzige Weg sind, Wiederverheirateten zu helfen, sich zu integrieren. Und die einzige mögliche Verbesserung, die die Betroffenen erwarten können, ist die Erleichterung der Verfahren – allerdings nur in Bezug auf die Dauer.«

Dass die Eheverfahren auf der Familiensynode und im Nachgang keine größere Rolle gespielt haben, hat einen besonderen Grund. Papst Franziskus hatte sie kurz zuvor im Alleingang reformiert. Im Herbst 2015 hat er durch ein von ihm erlassenes Kirchengesetz mit dem Titel *Mitis Iudex Dominus Jesus, Jesus, der gütige Richter,* eine Reform der Verfahren auf der ganzen Welt beschlossen. Die wichtigste Erleichterung: Es müssen nicht mehr jedes Mal zwei oder gar drei Instanzen durchlaufen werden, das erstinstanzliche Urteil muss nicht, aber kann genügen, das spart den Betroffenen schon einmal ein halbes oder sogar ein Jahr Zeit. Außerdem können nun statt nur einem auch zwei Laien als Richter im Dreierkollegium mitwirken, allerdings immer unter Vorsitz eines Klerikers; möglich ist auch ein Kleriker als Einzelrichter. Das ermöglicht insgesamt mehr Verfahren als bisher. Und schließlich führte der Papst die Möglichkeit eines neuen verkürzten Verfahrens unter der persönlichen Leitung des Diözesanbischofs ein, dann nämlich, wenn die Nichtigerklärung von beiden Expartnern einvernehmlich beantragt wird und die Klagegründe besonders eindeutig sind. Mit seiner Anweisung schafft der Papst die theoretische Möglichkeit, dass der Bischof einer Diözese als einzelner Richter binnen sechs

Wochen allein ein Urteil fällen kann. Abschließend fordert er, die Prozesse in Zukunft gratis anzubieten. Bisher kostet ein Verfahren in Deutschland den Kläger bis zu 300 Euro, ein psychologisches Gutachten kann schon mal bei 1000 Euro liegen.

»Null und wichtig – Deutsche Bischöfe lehnen päpstliche Anweisungen zur Eheannullierung ab« überschreibt nur wenige Tage später Volker Resing, Chefredakteur der Herder-Korrespondenz, einen Artikel zur päpstlichen Anweisung. »Was passiert, wenn der Papst Revolution ruft, und keiner macht mit? Was passiert, wenn weder die Liberalen noch die Konservativen Hurra schreien?« Er schreibt, die deutschen Bischöfe seien »verwundert bis verärgert«.

Günter Assenmacher, der Offizial des Kölner Kirchengerichts, sagt in einem Interview, zwar bestätige der Papst, dass Eheprozesse notwendig und unersetzlich seien, allerdings stehe nach dieser Entscheidung die »Qualität der Rechtsprechung« infrage. Bisher habe ein Richter in erster Instanz immer so arbeiten müssen, dass sein Urteil auch in der nächsten Instanz Bestand habe. »Dieser Druck fällt nun für ihn weg.« Auch das neue Kurzverfahren durch einen Bischof kritisiert er. Der Bischof sei zwar von Amts wegen der erste Richter seiner Diözese, aber die wenigsten seien ausgebildete Kirchenrechtler. »Bei allem Respekt vor dem Bischofsamt und seinen Trägern habe ich da schon ein wenig Bauchschmerzen, wenn sie nun so persönlich und unmittelbar in die Nichtigkeitsverfahren eingreifen sollen.«

Er wolle mit seinem neuen Kirchengesetz verhindern, dass sich die Menschen von den juristischen Strukturen

der Kirche abwenden, formuliert der Papst. Die Mensch-
lichkeit solle nicht vernachlässigt werden. Es spricht vieles dafür, dass Papst Franziskus die Prozesse auch breiteren
Massen zugänglich machen, sie zu einem noch effekti-
veren Hilfsmittel machen will, dass er auf die Verfahren
setzt, um Geschiedenen zu einer neuen kirchlichen Ehe zu
helfen. Die aktuellen Zahlen geben ihm recht. Seit der Vereinfachung, so melden mehrere große deutsche Kirchengerichte auf Anfrage, sei die Zahl der Prozesse drastisch
angestiegen. Etwa in Münster oder auch in Rothenburg.
Dort begannen beispielsweise allein bis Ende Juli 2016 fast
ebenso viele Verfahren wie im ganzen Jahr 2015.

Klar ist: Das Verfahren ist der einzige Weg der Kirche,
sich mit dem Leben wieder verheirateter Menschen aus-
einanderzusetzen. Kann man diese Frage wirklich mit dem
Kirchenrecht lösen? Auch für die 700 000 Kirchenmitarbeiter, die über ihre Verträge moralisch gebunden sind?
Was sagen die Verantwortlichen in Rom dazu?

Im Februar 2016 sitzen in einem Hörsaal des Paderbor-
ner Gymnasiums Theodorianum diejenigen beisammen,
die einmal Peter Ottens oder Julia Rechs Beruf ergreifen
wollen. Zukünftige Pastoralreferenten, Religionspädago-
gen und -lehrer haben sich an diesem Abend zusammen-
gefunden, um besonders einem Gast zuzuhören, der für
die anstehende Podiumsdiskussion von weit her angereist
ist. Die Überschrift für diesen ungezwungenen Infoabend:
»Liebe, Kirche, Partnerschaft – Neues aus Rom?« Prälat
Markus Graulich ist der zweithöchste Richter der katholischen Kirche, er ist Untersekretär des Päpstlichen Rates für
die Gesetzestexte, der einflussreichste deutsche Kirchen-

jurist. Er ist gekommen, um auf die drängenden Fragen des Nachwuchses zu antworten.

Warum gibt es keine Veränderung, fragen die Studenten. Für die katholische Kirche, antwortet der Prälat, stehe die Lehre Christi – was Gott verbunden hat, das soll der Mensch nicht trennen – nicht zur Disposition. »Es wird an dieser Stelle keinen Kompromiss geben, es soll eindeutig bleiben, es gibt keine Relativierung. In Nummer 1640 des Katechismus der katholischen Kirche heißt es: ›Es liegt nicht in der Macht der Kirche, sich gegen diese Verfügung der göttlichen Weisheit auszusprechen.‹«

Das eigentliche Problem, sagt Prälat Markus Graulich, sei, dass die jungen Leute heutzutage gar nicht mehr wüssten, was eine katholische Ehe überhaupt ausmache. »Ich glaube, den meisten Katholiken, ich schätze 80 Prozent, sind die Grundwerte der katholischen Ehe nicht mehr bekannt.« Die Werte würden in der Kirche nicht mehr kommuniziert und in der Öffentlichkeit sowieso nicht. Auch dass nicht mehr genug gebetet werde, das »mangelnde Gebetsleben«, sei ein Problem.

Man sei sich bei der vergangenen Synode einig gewesen, dass die Ehevorbereitung ein wichtiges Thema sei. Sie müsse intensiviert werden, die jungen Leute besser begleitet. Es müsse wieder eine amtliche Ehevorbereitung und eine angemessene Ehevorbereitungszeit geben. »Und ich wünsche mir in der Verkündigung insgesamt mehr Klarheit und mehr Mut, damit den Gläubigen wieder bewusst wird, dass zum Beispiel auch der Empfang der Kommunion Ausdruck einer Gemeinschaft ist, welche durch die Sünde des Ehebruchs gestört werden kann, vor allem wenn die Sünde zu einer Lebenshaltung wird.«

Damit, so wendet eine Studentin ein, sei für sie aber noch nicht die Frage beantwortet, wie man mit all denen umgehen solle, die ihr Leben anders gestalten. Gerade habe Kardinal Gerhard Ludwig Müller in einem Interview betont, die Lösung nach einer gescheiterten Ehe sei, dass die Eheleute sexuell enthaltsam, wie Bruder und Schwester, zusammenlebten, ob das nicht völlig lebensfremd und unrealistisch sei. Prälat Graulich zögert kurz, dann entscheidet er sich für einen knappen Satz als Antwort: »Was uns Menschen als unmöglich erscheint, ist mit Gottes Gnade möglich.«

Außerdem, fügt er dann nach einer Gedankenpause hinzu, gebe es ja noch die Eheverfahren. Achtzig Prozent der Fälle gingen positiv aus, im Sinne einer Erklärung der Nichtigkeit. »Das ist ein Weg, um Scheitern aufzuarbeiten, es hat eine reinigende Funktion.« Der theologische Nachwuchs murmelt. Ein Student der Religionspädagogik steht auf: »Ich glaube nicht, dass das ein Weg ist! Ist das Ihre Lösung? Zu sagen, diese Ehe hat nie stattgefunden?« Kurz entschuldigt er sich für seine Aufregung, er sei da biografisch geprägt: »Meine Eltern haben sich scheiden lassen. Meine Mutter lebt in einer Partnerschaft mit einer anderen Frau. Und die Kinder sind dann nicht aus Liebe entstanden, nicht aus einer richtigen Partnerschaft, nicht aus einer Ehe?« »Es geht nicht darum«, antwortet der Prälat ganz ruhig, »dass die Ehe nie stattgefunden hat, sondern dass sie vor der Kirche nie gültig war. Das ist eine andere Sache.« Er halte das Verfahren für einen möglichen

Umgang mit dem Scheitern. »Aus meiner Erfahrung – ich habe zehn Jahre diesen Richterjob ausgefüllt: Es hilft den Leuten in der Regel.«

Die Antwort von Markus Graulich sorgt nicht für Zufriedenheit, im Gegenteil, die Nachfragen sind zahlreich: Wieso ist die Seelsorge erst im Rahmen der Prozesse möglich? Wieso gibt es keine andere Möglichkeit, einen Neuanfang zu ermöglichen, eine, die die Lebensgeschichte ernst nimmt? Wieso macht es keinen Unterschied, ob jemand von seinem Partner verlassen wurde oder seinen Partner verlassen hat? Was ist mit der homosexuellen Liebe?

Auf diese letzte Frage erwidert Markus Graulich: »Wenn Sie sich, wie ich das manchmal zur Entspannung tue, am Abend die SoKos im ZDF anschauen, dann gibt es in jeder einen schwulen Kommissar oder eine lesbische Ermittlerin. Das entspricht doch nicht der Realität! Ich habe durchaus in meinem Freundeskreis auch homosexuell empfindende Menschen, die aber selbst sagen: Es gibt heute viele, die sich auf das Thema stürzen. Wir müssen erst einmal klären, wie die Wichtigkeit ist.« Natürlich sei klar, dass Männer und Frauen die homosexuelle Veranlagung nicht selbst gewählt hätten. »Für die meisten von ihnen stellt sie eine Prüfung dar. Ihnen ist deshalb mit Achtung, Mitleid und Takt zu begegnen. Man soll die Sünde verurteilen und den Sünder trotzdem lieben«, ist das Fazit des Prälaten. Und die Lösung für die Betroffenen, fragen die Studenten nach. »Selbstbeherrschung«, entgegnet Markus Graulich. »Homosexuelle Menschen sind zur Keuschheit aufgerufen. Sie sollen sich durch Gebet und Gnade der christlichen Vollkommenheit annähern.« Und für die ehemaligen Ehepartner gebe es ja eine Lösung. »Viele Menschen kennen die Möglichkeit des Ehenichtigkeitsverfahrens gar nicht und leben daher in irregulären Situationen, ohne dass diese erforderlich sind.« Er würde sich hier einen Bewusstseinswandel wünschen. »Dass das Eherecht und der Eheprozess nicht als Kontrapunkte zur Seelsorge gesehen werden, sondern als eine andere Form des pastoralen Handels, die nach objektiven Kriterien vorgeht und den Menschen dadurch wirklich helfen kann, ihre Situation vor Gott und der Kirche zu klären.« Ein Prozess führe weiter als private Absprachen mit einem Seelsorger, der oft zu sehr von subjektiven Kriterien oder falsch verstandener Barmherzigkeit geleitet sein könne.

17.

»Das wünsch ich sehr, dass immer einer bei mir wär ...«

Ein Gottesdienst zum Schluss

An einem Samstag im November 2015 ist die Kölner Kirche an St. Ursula bis auf den letzten Platz besetzt. Vorn, in der ersten Bank, sitzen Elke Rogosky und Peter Otten. Es ist der Tag ihrer Hochzeit.

»Ich habe es sehr genossen.« Peter Otten lächelt und legt den Arm, den Ehering am Finger, um seine rechtmäßig angetraute Ehefrau. »Mein Mann hat nur geheult«, sagt Elke Rogosky. Sie lacht. Er auch. »Das habe ich falsch eingeschätzt.« Peter Otten schüttelt den Kopf. »Bei mir ist tatsächlich der Druck von acht Jahren abgefallen. Elke ist morgens zum Schminken gegangen, und kaum war sie durch die Tür, war es um mich geschehen.« Elke Rogosky lächelt. »Peter wollte mir dann später noch ein Lied singen, und er kann nun wirklich gut singen, aber er hat kaum ein Wort herausbekommen.« Und so sei es den ganzen Tag gegangen, vom Standesamt über die Kirche bis zur Feier. »Die Leute«, sagt Peter Otten, »die haben das auch gemerkt. Zumindest die, die viel von uns und der Geschichte wussten.« Sie nickt. »Viele haben gesagt: Wir konnten erst erahnen, was für eine Belastung das für euch war, als wir Peter haben weinen sehen.«

Als dreieinhalb Jahre nach Beginn ihres Verfahrens das endgültige Urteil im Sommer 2015 fällt, bekommt Elke Rogosky einen Anruf von ihrem Exmann. »Der hatte den Brief schon bekommen, und das Ergebnis war positiv!« »Wir haben erst mal einen Champagner aufgemacht«, erzählt Peter Otten, »und darauf angestoßen.«

Die Kirchenrichter der ersten und zweiten Instanz hatten entschieden. Für Elke Rogosky, gegen ihre Ehe. Auch gegen die Einschätzung des Ehebandverteidigers. »Es ist zweifelsfrei so gewesen«, heißt es in dem siebzehnseitigen Kirchengerichtsurteil, »dass die Klägerin aufgrund des übermäßigen Alkoholkonsums ihres Vaters negativ von dieser Erfahrung geprägt wurde und miterlebt hat, dass ihre Mutter sich aus finanzieller Not heraus nicht hatte trennen können. Ebendieses Szenario wollte sie für sich selbst nicht. Sie wollte sich die Möglichkeit vorbehalten, sich bei einem unguten Verlauf der Ehe auch wieder trennen zu können. Nur aus finanziellen Gründen nicht aus einer Ehe ausbrechen zu können, so wie sie es bei ihrer Mutter erlebt hatte, wäre für sie undenkbar gewesen. Auch aus diesem Umstand lässt sich das sehr starke berufliche Engagement der Klägerin erklären. Eine finanzielle Abhängigkeit zu einem Mann wäre für sie nie eine gangbare Alternative gewesen. Ihre gesamte berufliche Entwicklung spiegelt diese Einstellung wider.« Die Umstände, die als sehr hoch einzuschätzende Glaubwürdigkeit der Klägerin und die Zeugenaussagen untermauerten in den Augen

der entscheidenden Richter das Geständnis der Klägerin
so deutlich, dass dieser Klagegrund positiv zu bescheiden
sei. »Die Glaubwürdigkeit der Zeugen und die durch die
beiden Glaubwürdigkeitszeugen attestierte Aufrichtigkeit
der Klägerin geben außerdem noch die zusätzliche Sicherheit, dass Elke Rogosky eine aufrichtige und glaubwürdige
Person ist, die nicht wegen eines persönlichen Vorteils
Unwahres aussagen wird.«

Zwar sei der Ehebandverteidiger anderer Ansicht, plädiere gar dafür, ein Trauverbot auszusprechen, aber: »Da
die Klägerin am 1. November 2010 in die katholische Kirche aufgenommen und sich – wie durch den Glaubwürdigkeitszeugen Pfarrer (...) bestätigt – intensiv vorbereitete
und aus dem Aktenmaterial nichts Gegenteiliges hervor-
geht, ist kein Ansatzpunkt dafür gegeben, ein Trauverbot
zu verhängen.« Auch was Elke Rogoskys zweiten Klagegrund, den »Ausschluss von Nachkommenschaft aufseiten
der Frau« betrifft, entscheidet das Gericht positiv. Das Urteil »in Verantwortung vor Gott und nach Anrufung seines
Beistandes«: Die mit katholischem Dispens 1989 evangelisch geschlossene Ehe von Elke Rogosky und ihrem ehemaligen Partner war nichtig, wegen Ausschluss von Nachkommenschaft und Ausschluss der Unauflöslichkeit der
Ehe aufseiten der Frau. Es ist geschafft. Kosten des Verfahrens für die Klägerin: 200 Euro.

»Erst war das ein guter Moment«, erzählt Elke Rogosky.
»Wir haben uns gefreut, aber dann hatten wir Streit.« Sie
habe gedacht: Wir planen jetzt unsere Hochzeit! »Aber das
wollte Peter dann nicht mehr. Und dann ging es uns gar
nicht gut.« Peter Otten nickt. »Ich wollte erst mal durchat-

men.« »Damit wäre ich noch einverstanden gewesen, wenn
ich einen Antrag bekommen hätte, aber das war nicht so.«
An dem Punkt habe sie sich wirklich verraten gefühlt, erzählt Elke Rogosky. »Weil wir engen Freunden und der Familie von dem Verfahren erzählt hatten, sagten die jetzt
alle: ›Das ist ja super und wann wird geheiratet?‹ Und
dann war erst mal Totenstille. Mir hat das viel ausgemacht.
Das war nicht unsere stärkste Zeit miteinander.« »Nein,
das war nicht unsere stärkste Zeit, das ist richtig, aber es
war einfach auch wahnsinnig viel passiert. Und Hochzeit
planen hieß ja die kirchliche Hochzeit planen. Aber wie?,
habe ich mich gefragt. Wie soll man nach so einer Nummer noch guten Gewissens kirchlich heiraten?« Er habe
das Gefühl gehabt, erklärt Peter Otten, in diese kirchliche Hochzeit hineingetrieben zu werden. »Nicht von dir,
sondern von dieser Institution, die uns über Jahre so viele
Schmerzen zugefügt hat. Für mich war es wirklich ein Problem. Das hat niemand ausgesprochen, aber die Blicke haben gesagt: Die Lösung ist doch da, jetzt aber mal schnell.
Ich würde das aber gern entscheiden, aus freien Stücken,
und das konnte ich nicht.« »Wir mussten ja jetzt heiraten,
wenn mein Name endlich an der Tür stehen sollte. Also
nach Jahren, in denen wir nach Vorgabe der Kirche nicht
zusammenleben durften, sind wir dann gezwungen, in der
Kirche zu heiraten, das stimmt schon.« »Man muss das
mal zusammentragen, was hier passiert ist. Die Institution,
die dafür gesorgt hat, dass im Privatleben herumgehorcht
wird, die demütigende Briefe schreibt, die Macht ausübt,
die dafür sorgt, dass man Angst bekommt, die sorgt dann
am Ende dafür, dass es zum Fest kommt. Die geben uns

dann den Segen, die richten die Feier aus: Wie soll das gehen?« Elke Rogosky seufzt. »Ich hatte das Gefühl, mir geht die Puste aus. Für mich war es wichtig, einen Punkt dahinterzusetzen. Das Bittere ist doch: Eine Hochzeit ist eigentlich ein Anfang und nicht ein Ende oder Abschluss.«

Der vehemente Zuspruch der Familie und der Freunde, habe dann geholfen. »Die haben richtig auf mich eingeredet«, Peter Otten lächelt, »das tat gut. Da hat sich die Waage wieder in die andere Richtung geneigt. Als ich gemerkt habe, dass so viele Menschen hinter uns stehen, da war es auch in Ordnung für mich.«

Als der Traugottesdienst im November 2015 beginnt, ist es schon dunkel draußen; weiße Kerzen leuchten im Kirchenraum. Der November habe ihnen gefallen, erzählen Elke Rogosky und Peter Otten, ein bisschen düster sollte es ruhig sein, der Frühling hätte nicht gepasst, nicht in ihrem Fall. Im Kirchenschiff haben sich Elke Rogosky und Peter Otten die erste Reihe der Kirchenbänke bewusst ausgesucht. Sie möchten genau dort sein, nicht ganz vorn auf einzelnen Stühlen. Hinter ihnen sitzen und stehen ihre Familien, ihre Freunde und ihre Kollegen. Pfarrer, Theologen, Pater, Pastoralreferenten, Gemeindemitglieder, Ehrenämtler. Peter Ottens ehemaliger Chef, Pfarrer Franz Meurer, hält die Trauung.

Peter Otten erzählt: »Als wir in der Kirche waren, hat sich das gar nicht mehr falsch angefühlt. Am Eingang stand jemand, hat ein Foto gemacht und gelacht. Mein Gedanke war: Es sind so viele Leute da, und alle freuen sich mit uns! Die Kirche war voll!« Das habe ihn umgehauen. »Ich hatte das Gefühl, dass die Leute hinter uns stehen, im doppelten

Sinn.« Er habe das noch nie so körperlich empfunden. »Ich hatte das Gefühl, ich könnte jederzeit nach hinten umfallen und würde den Boden nicht berühren.« Da seien ganz viele Menschen gewesen, die solidarisch gewesen seien, die Anteil genommen und die gemerkt hätten, dass das die letzte Etappe eines langen Weges sei. Elke Rogosky nickt. »Die haben alle gewürdigt, dass wir etwas Besonderes geleistet haben, um diesen Tag feiern zu können.«

Was Pfarrer Franz Meurer von alldem hält, hört man aus seiner Predigt nicht heraus. Wie immer spricht er engagiert und voller Überzeugung, die besondere Geschichte dieses Paares, das Eheverfahren, das ganze Leid im Vorfeld, erwähnt er nicht. Auch Peter Ottens aktueller Chef, der ebenfalls die Messe hält, sagt dazu nichts. Weshalb schweigen die beiden darüber? »Peter und ich haben über den Prozess, über das, was da genau passiert ist, nie gesprochen. Ich habe aber auch nicht gefragt«, sagt Pfarrer Meurer im Nachhinein. »Das mache ich nie. Ich weiß sowieso schon zu viel.« Wenn jemand reden wolle, tue er das auch, das sei seine Einstellung. Und er habe ja gewusst, dass er dem Paar den Prozess nicht ersparen könne. »Ich fand das für die Frau am schwierigsten. Und ich hätte jedes Verständnis gehabt, wenn Peter die Dinge hingeschmissen hätte, wenn er gekündigt hätte, aus der Kirche gegangen wäre.«

Natürlich habe er eine Meinung zu den Eheverfahren, gern wolle er etwas dazu sagen: »Diese Prozesse passen für mich kein bisschen in unsere Zeit: Es gibt dort keine Gewaltenteilung, keine Transparenz. Die kommen aus einer Epoche, wo man die Menschen noch auf einen heißen Topf

gesetzt hat, um die Wahrheit herauszufinden. Wo man gesagt hat: Wenn der die Wahrheit sagt, wird Gott das ko-
chende Wasser einfrieren. Wo Kirche hieß, dass man den
Menschen sagen muss, was richtig für sie ist und was nicht,
wo man über die Körperfunktionen geherrscht, das Intimleben geregelt hat. Das ist die schlechte, die dunkle Seite
der Religion. Ich kann jeden verstehen, der das nicht mitmacht.« Natürlich solle es auch innerhalb einer Kirche Regeln geben, aber man müsse aufpassen, dass diese nicht
zum Missbrauch des Ehesakraments führten. »Wenn man
zum Beispiel genötigt ist, bestimmte Tatbestände zu beja-
hen, die gar nicht der Wahrheit entsprechen, wenn man
anfängt zu lügen, um seine Ehe aufzulösen, dann ist das wi-
dersinnig. Und man darf nicht meinen, dass man jemand
durch Verrechtlichung, per Kirchengesetz, zur Treue verpflichten kann.«

Die katholische Kirche habe zwei Forderungen an das
Leben, die niemand erfüllen könne: die Feindesliebe und
die absolute Unauflöslichkeit der Ehe. »Das funktioniert
beides nicht.« Und es sei an der Zeit, die Lehre entsprechend umzuformen. »Wir müssen das System neu forma-
tieren, und da gehören solche Prozesse nicht dazu. Denn
das Leben ist eben nicht nur schwarz oder weiß, sondern
auch mal grau. Wir müssen als Kirche Partnerschaft und
Treue stützen und die auffangen und aufnehmen, die es
nicht schaffen, und im wahrsten Sinne des Wortes kein Urteil über sie sprechen.« Und Peter Otten? »Den schmeißt
so schnell niemand um, der lässt sich nicht kleinkriegen,
nicht demütigen«, so schätzt ihn Pfarrer Meurer ein. »Ich
habe ihm in dieser Zeit nur gesagt, wenn er Probleme

mit seiner Stelle kriegen sollte, soll er mir Bescheid sagen. Dann würde ich für ihn losziehen, dann will ich hier auch nicht mehr arbeiten. Wenn wir so jemanden wie Peter nicht in der Kirche brauchen, wen dann?«

Was Peter Ottens aktueller Arbeitgeber, das Erzbistum Köln, zu dieser Frage, zu dem Verfahren, zu Elkes Kritik sagt, lässt sich nicht herausfinden, die Verantwortlichen möchten sich nicht äußern. Personalangelegenheit. Datenschutz. »Ja, was sollen die sagen?«, fragt Pfarrer Meurer. »Peter hat sein Privatleben unterworfen und dadurch die größtmögliche Treue gegenüber seiner Kirche bewiesen. Was will man mehr?«

»Das wünsch ich sehr«, singen die Hochzeitsgäste schließlich textsicher zum Ende der Trauung, »dass immer einer bei mir wär, der lacht und spricht: Fürchte dich nicht.«

Er habe, sagt Peter Otten, lange Angst gehabt, dass schließlich doch die Institution siege. »Nein«, sagt Elke Rogosky, »wir haben es geschafft. Das Verfahren konnte uns nicht auseinanderbringen.«

Und wenn jemand nun, ganz am Ende, zu ihnen sagen würde: So ist das eben in der katholischen Kirche, die Ehe ist etwas Einzigartiges, etwas Besonderes, sie wird niemandem geschenkt, man muss Anstrengungen unternehmen, um redlich kirchlich heiraten zu können? Peter Otten hält den Kopf schief und kneift ein Auge zu, kurz denkt er nach, sein Blick ist kalt. »Wenn jemand so argumentieren würde?«, fragt er noch einmal nach. »Dann würde ich sagen: Du bist ein Drecksack!«

Dass man nicht alleingelassen, nicht verurteilt werde, egal, wie ein Lebensweg auch verlaufe, das sei für ihn vorher immer etwas zutiefst Christliches gewesen, erklärt Peter Otten. »Und das habe ich während des ganzen Prozess in dieser Institution vermisst.«

Am Tag ihrer Hochzeit sei das anders gewesen. »Die Menschen, die in der Messe waren, auf die kommt es an, auf die kommt es auch im Leben an und auf die sollte es auch einer Kirche ankommen.«

Eva Müller
Gott
hat hohe
Nebenkosten
Wer wirklich für die Kirchen zahlt

Kiepenheuer
& Witsch

Eva Müller. Gott hat hohe Nebenkosten. Wer wirklich für die
Kirchen zahlt. Klappenbroschur. Verfügbar auch als E-Book

Nicht getauft? Nicht gläubig? Neu verheiratet? Dann haben Sie
schlechte Karten bei Deutschlands zweitgrößtem Arbeitgeber: Die
Kirchen reglementieren das Privatleben von Hunderttausenden Angestellten. Was kaum jemand weiß: Finanziert wird all das vom Staat,
von der Allgemeinheit.

»Schon nach den ersten Sätzen ist man direkt drin im Geschehen und
Sog der Geschichte. Das Buch entwickelt die Spannung einer Krimi-
nalgeschichte.« *WDR 5*

Kiepenheuer
& Witsch